AIが文明を衰滅させる

ガラパゴスで考えた人工知能の未来

宮崎正弘
Miyazaki Masahiro

文芸社

ＡＩが文明を衰滅させる

ガラパゴスで考えた人工知能の未来

AIが文明を衰滅させる　ガラパゴスで考えた人工知能の未来　目次

第二章　ガラパゴスで考えてみた

第三章　ツイッター政治という新現象

第四章　文明の進歩と人類の衰退

第五章　「こころ」の問題とAI

エピローグ　AIで精神は癒されない

本文写真／撮影・宮崎正弘
カバーデザイン／パワーハウス

プロローグ　機械が人間を支配する

人間は「恐るべき道具」を発明した

人類の滅亡が語られ始めたのは聖書「ノアの方船」以来のことで幾多の現象がそのことを代弁してきた。

地震、洪水、大火などの自然災害、惑星との衝突、太陽の爆発、そして疫病、とくにペスト、コレラ、黒死病から近年はＡＩＤＳにＳＡＲＳ……。この列の源泉にはノストラダムスの大予言、ハルマゲドンなどが浮かぶ。

戦後、唯一の被爆国である日本ばかりか世界中で、もっとも脅威視されてきたのが水爆だった。

全人類を殺戮してあまりある大量破壊兵器の登場は人々を不安に陥れた。三島由紀夫原作の『美しい星』のモチーフは水爆だった。映画では環境破壊、異常気象に置き換えて人類が直面する危機を描いた。

しかし近未来を見渡すと新しい脅威は列強と大企業が鎬を削って開発を進めるＡＩ（人工知能）が持つ危険な側面である。

ＡＩが築きあげようとしている次の文明社会を考えると、必ず「バベルの塔」の崩壊を連想してしまう。聖書に描かれたバベルの塔はイタリアの画家たちの想定では５００メートル。東京タワーより高く、幾層もの煉瓦造りの高層ビル建設現場で言葉の異なる諸民族が部署毎の責任を負わされ突貫工事をしている。それが瓦解すると諸民族は言語単位で集団に分かれる。ガラガラと大音響を響かせながら人間の営為は崩壊する。そうだ。ＡＩが文明を滅亡させるかもしれない。

それゆえに楽観論ばかりが世を覆っているがＡＩのダークサイドも観察すべきではないのかとしきりに考えるのだ。

現実に２０１７年5月12日に起きたハッカー襲撃事件（ワナクライ）は全世界99ヶ国で甚大な被害が露呈した。

ハッカーが通信システムや原発を襲うと世界中をカバーするシステムが壊される怖れがあり、水爆なみの破壊力に繋がる可能性が露呈した。この事件は近未来の危機の予行演習に過ぎない。

そのうえＡＩが人類の英知を超えて、私たちを支配するという未来図が「２０４５年　シンギュラリティ論争」だ。とはいえこの小冊ではシンギュラリティ論争を演繹する目的はなく、また筆者は悲観論には立脚しない。

哲学者の鈴木大拙は次の予言を残した。

「人間のみにみられる特異な点は、さまざまな道具を作るようにできているということです。名はまた道具でもあります。われわれはそれでもって対象を扱います。しかし道具の発明によって『道具の専制』が始まります。われわれの心はさまざまな道具が作れるように便利にできているのですが、道具が専制的になれば、われわれが道具を使うのではなく、道具のほうがその発明者に反抗し報復するようになります。つまり、われわれはわれわれの使う道具の道具にされるのです。

われわれの知的いとなみにおける観念もまた専制的であり、われわれは必ずしも観念を使いこなせません。われわれは物事を処理するのに便利な多くの観念や概念を創案したり構成したりします。しかし、その極めて便利な観念が専制的になり、実際それを創案した人々を支配するのです」（鈴木大拙『真宗入門』、佐藤平訳、春秋社＝原文は英語）

ＡＩ、ＩｏＴ、クラウド等とかの新語がメディアに頻出しはじめ、新聞、テレビはＳＮＳ（ソーシャル・ネットワーキング・サービス）社会の到来を明るい展望で描いた。

スマホが主流となり、旧型携帯電話は「ガラパゴス」と揶揄される。

米国大統領となったドナルド・トランプは既存メディアに挑戦し、ニューヨークタイムズやＣＮＮ

をフェイクニュースと決めつけた。彼はツイッターの力で政権を取った。トランプの当選こそ従来のリベラルなメディアが世論を主導する選挙のかたちを変革した。民主主義がＳＮＳで変質したのだ。

日本でも新技術を謳歌するような新造語が溢れている。

いくつものＡＩ関連ニュースのあまりに迅速な変化と発展に驚かされるのだが、なかでも私が衝撃的と思ったのは、「投資信託」でＡＩ運用型に投資家の人気が集中しているという現代の錬金術市場の変化を象徴するニュースだった。人間の英知とカンではなく機械に判断を委ねるのだ。

またＡＩ投資指南の「フィンテック」（ファイナンスとテクノロジーを組み合わせた造語）が普及すると、五年以内に銀行は半分になるという大胆な予測が有力視されている。銀行員は戦々恐々だろう。

投資信託は投資家が、その金融商品の運用先を信頼して大事な資金を託す。世界的にはスイスの老舗「ピムコ」や米国のフィデリティ、ダビンチ投資信託などが有名だが、日本ではなかなか運用が軌道に乗らなかった。投資目論見が謳われ、たとえば新興国経済群の株を基軸に投資する投資信託が売り出される。しかし投資家からの資金が集まらず、最初の目論見通りの成果を上げられないケースが多い。最低でも１００億円規模の投資信託でないと十全な運用が出来ないからだ。

ところが２０１７年１月に売り出された「ＡＩ運用の投資信託」に一千億円を超える投資資金が集まった。これは明らかに時代の流れが従来と異なる方向に向かっている現実をリアルに象徴している。

将棋名人やチェスのチャンピオンをＡＩが楽々と負かしたように投資信託の運用もＡＩが基軸となる日がとうとうやってきたのである。

スマホが携帯電話をこえて主流となり、パソコンは小型化し、多機能化して海外でも通信ができるようになった。デジカメはいまでは２０００万画素が常識であり、世界の奥地からでも配信が出来る。世界のニュースを同時に共有できる時代となった。

ガラパゴスのホテルに泊まったときの驚きは、エレベータはないのにＷｉ－Ｆｉ設備がちゃんとあったことだ。

世界の果てで撮影したスマホの写真を地球の裏側に瞬時に送ることも可能となった。メディアの送り手が交替した。マスメディアとは送り手は少数ゆえ主観がはいりやすいが受手がマス、だから情報操作がしやすかった。フェイスブック、ブログ、ツイッターで少数意見が多数意見となり、メディアの情報操作がしにくくなった。その証拠に米国におけるニューヨークタイムズ、ワシントンポストなどリベラルなメディアの劇的な影響力低下に繋がった。部数が激減し、いずれ多くの新聞は経営難から消えて無くなるだろう。すでに全米の地方紙の百紙ほどは経営難で発行停止となった。

ＩｏＴとはあらゆるモノ、事象がコンピュータに繋がるという意味である。

コンピュータなどの情報・通信機器ばかりか、存在する様々な物体（モノ）に通信機能を持たせ、インターネットに接続したり、あるいは相互に通信しあって自動認識や自動制御、遠隔計測などを行うことを含む。

たとえば自動車の位置情報をリアルタイムに集約して渋滞情報を配信するシステムや、人間の検針員に代わって電力メーターを読み取る、電力使用量を申告するスマートメーターがある。ピース合図の写真から指紋を読み取り、犯罪に悪用することも出来る。

北京ではタクシーが捕まらず、交差点で止まると喧嘩腰で我先に乗り込もうという乱暴な風景があった。私が北京によく行っていた頃、タクシーを捕まえるのは至難の業だった。いまはスマホで空車（それも白タク）を手配できる時代となった。これは米国に誕生した相乗りシステム「ウーバー」の真似だった。

しかしここまで技術が進歩し、社会が変貌すると企業が業務の効率化、製造の技術革新と合理化を目的として技術開発に力点を置くのが、これらＡＩ、ＩｏＴである。未知だが、確実にくる社会への対応である。

第一章　ＡＩ近未来は明るいのか、暗いのか

将棋の王者を負かしたＡＩの衝撃

ＡＩ（人工知能）はついに将棋、囲碁、チェスのチャンピオンを負かした。

１９９７年以来、ＡＩがゲームで人間の智恵を破ってきた。つまりチェスも囲碁、将棋もパターン認識によるため記憶回路の優劣は機械が勝るという証明でもある。

97年、ＩＢＭの「ディープブルー」がチェスの世界チャンピオンを負かし、２０１３年には将棋ソフトがプロを破り、17年にはグーグルの「アルファ碁」が、世界最強といわれた棋士・柯潔を破った。グーグルはこのＡＩ技術を活かし、医療やエネルギー分野への応用に開発の軸足を移す。

この程度のことに驚いていては時代に追いつけない。

ＡＩ革命がもたらすであろう近未来の最大の衝撃は「軍事ロボット」である。

つまり従来の戦争のかたちも変わるのである。日本でこの視点からＡＩ革命を論じた書物が殆ど見あたらないのは、たぶん戦後の平和ぼけの所為だろう。

最近も次のような動きがある。

中国企業が米国のＡＩ開発の先端企業51社に出資し、或いは社を買収した。国家戦略に基づく投資である。

これは安全保障上、由々しき脅威だとする米国は２０１６年6月、海外企業調査委員会がＡＩ、ロボットなどに関して中国企業との合弁事業を許可しない措置をとった。

だが「時すでに遅し」。

「百度」やテンセントはすでにシリコンバレーにＡＩ研究センターを設立し米国内の優秀なエンジニアを雇用し、ＡＩのイノベーションにまっしぐらに取り組んでいる。中国政府のＡＩ研究開発予算は過去五年間で二桁の伸びを示している。

なぜこうなるのか。

米国の軍事方針の転換に対して中国が迅速に対応しているからだ。オバマ政権時代にペンタゴンは中国の「Ａ２／ＡＤ」（接近阻止、領域拒否）に対抗する新構想として「エア・シーバトル」と「第三次相殺戦略」を打ちだした。これは「陸、海、空、宇宙、サイバーの五領域の垣根を越えて一元的に戦力を運用し、同盟国の軍事力とともに敵の「Ａ２／ＡＤ」下で米軍の戦力を展開する」という構想だ。
（1）中国の第一撃を避けるため米海空軍を第二列島線以遠へ待避させ、（2）同時に「中国のＣ41ＳＲ」機能（指揮、統制、通信、コンピュータ、情報、監視、偵察）などを麻痺させる「盲目化作戦」。（3）潜水艦を撃破して水中を支配する「水中作戦」からなる。
「第三次相殺作戦」とは（1）無人機作戦（2）長距離航空作戦（3）ステルス航空作戦（4）水中作戦（5）複合化システム・エンジニアリングとの統合である。

対抗策に乗り出した中国は想像よりはやいテンポで軍事ロボット開発を進めている。

飛行機の無人化、ミサイル技術、とりわけＡＩ開発とあいまった命中精度の向上、そして実践に投入される軍事ロボットの研究開発である。無人機の分野では中国が商業用ドローン競争において、品質はともかく生産量で世界一。その廉価には日本のメーカーも歯が立たず、日本企業や個人の多くが中国製ドローンを利用している。

次の中国の軍略目標は「無人、無形、無声」の兵器開発だ。

関連するＡＩに焦点が当てられている。

第一に中国軍が想定している次世代戦争とは「無人兵器」が主力となる。

第二に中国はお得意の「人海戦術」の未来版として想定しているのが「飽和攻撃」と言われる中国独特の戦術の拡大版である。つまり無数の無人機を大量に送り込む遣り方。具体的には数百、数千の無人機を米空母攻撃に向かわせるという戦法。米国の専門筋はこれを「ミツバチ攻撃」と命名している。

すでに中国人民解放軍系の新聞・雑誌・研究誌、論文などで多くの成果が報告されている。「集中攻撃」ばかりか大量の無人機は偵察、電波妨害にも転用可能、その方面の研究も「軍民融合」(軍産協同)路線で進んでいる。

知的財産権に関して米国から盗む一方だった中国は「創造性がない」、「独想力なくして画期的な発明は無理だ」とさかんに言われたが、ハッカー技術では米国と並んだ。

２０１０年に中国の特許出願は38万件で、米国は47万件だった。これが近年、逆転し、中国企業の特許出願件数は１００万件を超えた。過去40年間に米国企業の研究開発費ならびに連邦政府のR&D(研究開発)予算は45%もの減少を示してきた。

慌てたトランプ政権は軍事予算を30%増やすと獅子吼しているが、議会の反対が予測される上、エンジニアが国防産業からＩＴ分野に移行しているため実現が危ぶまれている。

愛玩ロボット、介護ロボットを超えて

運搬や塗装、組み立てなどが専門だった産業ロボットはＡＩを搭載した愛玩、介護ロボットなど日常生活への実用段階から、やがて兵隊に代替する軍事ロボットになるという方向性はあきらかであり、すでに中国ばかりか、ロシア、韓国、米国、そしてイスラエルが研究開発を進めている。

日本は平和憲法があるため攻撃用兵器を保有できないばかりか、北朝鮮のミサイル実験の情報も米国からの下げ渡し（これを「天の声」という）に依存している。ハイテク日本がこの方面の技術開発に集中できれば、北朝鮮や中国からのミサイル攻撃も途中で打ち落とせるシステムを構築できるのだが、平和ぼけ、お花畑にいる日本では議論もなされない。

日本でかろうじてゲームと漫画の世界で、軍事ロボットが語られている。

たとえば宮崎駿監督の『天空の城ラピュタ』に登場する「ロボット兵」のフル可動モデルだ。この『天空の城ラピュタ』にでてくるロボット兵は全身の可動箇所が57ヶ所以上。プラモデルでは、四つん這いポーズや、格納ポーズなど「ロボット兵」の特徴的な動きを再現でき、近未来のロボット兵士の試作品かと注目される。

しかし国際的にはドローン（無人の遠隔操作飛行機）の発達がめざましく、高性能のカメラとＡＩを積み込み、山奥でも洞窟に潜む敵でも見つけ出し、物理的に排除できる段階に来ている。無人の潜水艇が海中を遊弋している。

当然だがＡＩ兵器に反対の動きが国際的に広がり国連でも議論が始まった。

言い出したのはホーキング博士で、「自律型ＡＩロボット兵士という殺傷兵器は数年以内に実現するだろう」と予測した。この流れを横目にヒューマン・ライツ・ウォッチ（ＨＲＷ）報告書は「米国、英国、中国、イスラエル、ロシア、韓国などがＡＩ兵器を開発中である」とした。朝鮮半島の南北をわける板門店ではすでに韓国軍がロボットを配置している。

イスラエルは目標を捜索し、攻撃する無人航空機を開発し、英国はＡＩ搭載の自動追尾ミサイルを保有していてイラク北部のＩＳ攻撃に使用された。

ＨＲＷがロボット兵士（これを「キラーロボット」と呼ぶ）の開発に反対するのは、誤射、システムエラーによる制御不能の危険性に加え、ロボットが人命を奪うのは倫理的に問題が多いからだとする。

国連はすでに「特定通常兵器使用禁止制限条約」（ＣＣＷ）という国際条約を推進させ、レーザー兵器、地雷などの使用を禁止しているが、このなかに「キラーロボット」などを加えようとしている。

日本はロボット王国と言われるのに「ロボット兵士」の発想さえない。世界の状況は、日本の頭越しに、トンデモナイ地点にまで進んでいるのだ。

自動車がＡＩによって無人化し、いずれ製造業もロボット労働者が主流となるであろう。

日本は人手不足を嘆くが、単純労働者は不要となる時代がすぐそこまで来ている。日本国内の自動車メーカー7社のＡＩ開発費はじつに3兆円に達する。造船と海運企業も連合で、ＡＩタンカーなどの開発に着手している。

しかしロボット化によって肝腎の人間に失業が激増すれば、社会は暗くならないか。ＡＩは必ずしも明るい未来を運ばないのではないのか。

そればかりかＡＩが悪用され、世界的規模でのサイバー・テロが英米の諜報関係機関から警告されている。

深刻な問題が山積みなのである。

振り込め詐欺どころか、銀行カードの暗証番号を見よ。「暗証」などと言っても銀行口座の四桁の暗証番号は１２３４、１１１１、００００、１２１２、７７７７の五つですべての暗証番号の20％という。つまり銀行カードを五枚盗むと、そのうちの一枚は確実にこれら五つの暗証番号であり、ネットのパスワードも１２３４５６７８と八桁を揃えるか、password　qwertyとなる。後者はキーボードの左上を左から順番に六文字。これではすぐに解読される。

こうしたお寒い現実に、さらに暗くなったニュースは、世界セキュリティコンテスト（２０１７年１月に東京で開催）に世界99ヶ国から代表が集まったが、優勝は韓国チームで二位も韓国。つづいて中国、台湾とつづき、ホスト国の日本は五位に甘んじたことだった。

日本がいかにハッカー対応技術の開発と技量に後れを取っているかを示している。ハッカー予防とはハッカー戦争で攻撃側を経験しないと防御ができないという戦争の原則を思い出させてくれる。

ホワイトハッカーの養成に日本政府はようやく重い腰を上げた。ホワイトハッカーとは、ハッカー犯罪に対応するためのカウンターハッカー特別部隊とでもいおうか、M&A用語でいう「ホワイトナイト」（白馬の騎士）から来ている。敵対的買収をしかけるファンドや投機筋に対して非対象のファンドが助け舟をだし、結局は当該企業を買収する。

政府のホワイトハッカー養成は40名の定員に対して３５９名の応募があり、なかには中学生も混じっていた。２０１７年６月におきたハッカーによるランサムウエア事件では犯人が13歳の少年だった。米国はこのような天才的ハッカー少年を逆に犯罪者ではなく防犯のために採用している。日本で14歳の少年がプロの棋士相手に29連勝したことを思い出されたい。

理論的にみても、ハッカー攻撃への対応は、開発者に攻撃経験がないと、反対の防犯対策も取れないという原則を示している。

現実に日本は安全保障上の脅威に晒され、中国、北朝鮮の核ミサイルを前にして、いつまでも米国の核の傘に甘んじている場合ではない。イスラエルが嘗てイランの原子炉施設のコンピュータシステムにウィルスを仕掛けて開発を大幅に遅延させたように、敵対する国家の核ミサイル施設や、あるいは基地のシステム、もっといえばミサイルを誘導するＧＰＳシステムへの電磁波妨害、暗合システムの破壊など、ホワイトハッカーの養成が喫緊の課題となっている。

英国課報機関トップの警告

英国課報機関ＭＩ６トップの警告は傾聴すべきである。

ジョン・サワーズ英国ＭＩ６前長官は日本経済新聞のインタビュー（２０１７年1月８日）に答え、サイバー攻撃に対して政府、企業、個人の脆弱性をするどく指摘し、「銀行や製造業の業務が停止に追い込まれる事態も出ている」。

だから優れたコンピュータ技術を持つ日本はサイバー攻撃への対応策を真剣に取り組むべきだとした。そしてこう付け加えた。

「５年から10年以内に２００１年の米同時テロのような破壊的なサイバー攻撃が発生すると想定しておくべきだ。そうなれば多くの人々が命を落とし、突然、脅威を思い知らされることになる。すべての国家はそんな事態に備えなければいけない」

もしサイバー攻撃で発電所が止まり、電気供給が中断されると地下鉄も新幹線も動かない。もし銀行や製造業が機能停止となれば、市場は機能せず、コンピュータで成り立つビジネスは壊滅的な被害を受けるだろう。

北朝鮮はミサイル、核兵器のほかに膨大なＶＸガスを保有するが、同時に先進国顔負けのサイバー部隊も育成している。現に北朝鮮ハッカー部隊は２０１５年にバングラデシュの中央銀行口座から80億ドルを盗み出していた事実が判明している。

ウォール街が恐れているのは、何者か、国家か、あるいは特定の集団がハッカーを駆使して市場を攪乱することである。すでに90年代に製作されたハリウッド映画の『ザ・インターネット』（サンドラ・ブロック主演）は犯罪者集団がサイバー攻撃で市場ネットワークを壊し、株価を操作して大儲けする一方で先進国の市場には大恐慌が起きるシナリオを提示している。

国家の壁を越えてコンピュータは世界のテロリストを育て、想定されなかった場所で大規模なテロが起きている。

『猿の惑星』という架空の娯楽映画が、リアルな世界となる懼れがある。つまりホモ・サピエンスが機械に司令されるシナリオの存在である。

マイクロソフトのCEOが発言しているように、そのときは「AIを破壊しなければならない。あくまで人間のために開発している」という合い言葉が徹底されなければならないだろう。

筆者はこのような思考を、むしろ古代生物がしぶとく生き残り、適者生存という生物学の原則をつらぬく、地球の反対側のガラパゴスへ行って考えてみようと思い立ち、片道三十数時間をかけてガラパゴス島へ行ってきた。

「絶望という名のAI」か、「希望という名のAI」か、それが問題である。

二つの衝撃的事件

セキュリティ・クリアランス（機密情報にアクセスできるための資格）の制度が日本にはない。主権を持つ独立国家の常識が我が国では通用しないのだ。したがって「同盟国」といえども、米国は日本に重要な情報を渡してはくれない。うっかり渡せば、護衛艦の最新鋭技術の機密がもれたような失態が再現される。そもそも軍の幹部が外国人を配偶者とした場合、米軍では将校以上への昇格は考えられないが、日本では外国人配偶者の将校が多い。もっとも多いのが中国人女性と結婚しているケースで、先の護衛艦の機密漏洩事件はこのルートから漏れた。

セキュリティ・クリアランスには「段階」があり、「アンクラシファイド」（Unclassified）は流してもよいと仕分けされる一般情報、つぎに「シークレット」と「トップシークレット」と仕分けされ、アクセスするには、それなりの資格が必要である。このような制度がない日本に最高機密などあるわけがない。

米国のドナルド・トランプ大統領は選挙戦で最大の武器がツイッターだった。大統領就任後も、出演するテレビを慎重に選択し、記者会見にはニューヨークタイムズなど左翼メディアを呼ばず、メッセージは殆どがツイッター。つまりトランプはリベラルなメディアに支配されがちだった米国政治の情報空間をがらりと変えた。

SNS（ソーシャル・ネットワーキング・サービス）が選挙宣伝戦、言論戦で既存のメディアを超えた新兵器となって、トランプは「ツイッター大統領」と渾名された。

この流れはいずれ日本の選挙にも及ぶであろう。

リベラルなメディアの悪質な誹謗中傷、個人攻撃をトランプは逐一、ツイッターで反論し、それがまた歪曲されてメディアに批判される。ところが、その度に彼の人気が上昇した。全米四大リベラル紙といわれるニューヨークタイムズ、ワシントンポスト、ロスアンジェルスタイムズ、ボストングローブなどの影響力を大統領のツイッターが論駁し、メディアの影響力を凌駕したのだ。

日本のニュースまでがトランプのツイッターのメッセージを大きく報じた。

ロシアのハッカー部隊がアメリカの大統領選挙に攻撃を仕掛け、選挙戦をロシア有利に世論操作するためにヒラリー陣営の機密を次々と漏洩したと米政府、民主党、ジャーナリズムが非難した。

コミィFBI長官をトランプは馘首したが、議会公聴会でコミィは大統領から圧力があったという「印象を持った」と語ったが、議会は共和党が多数派であり、メディアが望んだ大統領弾劾には到らなかった。

機密メールをネットから奪取し、米国や中国などに不利な情報を暴露したジュリアン・アサンジのウィキリークス事件で、米国はアサンジを国際手配したが、かれは悠然と英国のエクアドル大使館に暮らしている（17年10月現在）。

ただし２０１７年春にエクアドル大統領選挙が行われ、少数民族出身のモレノが当選した。かれは前政権と一線を画し、反米政策を見直し、同時に英国のエクアドル大使館で保護しているジュリアン・アサンジの処遇についても「考慮」するとした。性犯罪でスエーデンから逮捕状がでていたアサンジは、ウィキリークスの首謀者で、機密情報をネットで公開したため英国などから身柄引き渡しを求められていた。モレノ新政権は、外交上迷惑このうえないが、人道上の立場も推し量り、英国とは交渉によって解決できると抱負を述べているため「保護を続けることはない」と選挙中の公約を守りつつ、「状況は変えることが可能だ」と記者会見している。

この問題が世界に与えた別の視点とは、携帯電話がスマホとなり、その技術的進歩は加速度的であり、情報社会はどこまで突き進むのかという近未来への漠然とした不安だった。

その一方で、情報が防衛できず、敵性国家にいとも簡単にわたるなど、ネット技術の脆弱性が明らかになった。文明の道具が情報社会を脅かす危機が目の前に出現した。

スノーデンは映画にもなった

ＣＩＡのハッカー攻撃の実態を暴露したスノーデンは米国の国益に多大な被害をもたらしたが、さっとロシアに亡命した。

普通の国の国民の神経なら売国奴にあたるスノーデンを英雄視する風潮が米国にあり、ハリウッド映画にもなった。私も17年４月に英国へ行く日航機のなかでこの新作を見たが、なかなかの出来映えだった。

そして米国の諜報機関の仕業とされる「パナマ文書」は、ロシアや中国など富豪たちの不正とみられる海外送金、その隠匿を暴いた。

イラクに大量の破壊兵器があるといってイラク戦争の口実とした米国だが、またＣＩＡ報告に振り回されたのかという疑念を抱いた人も多い。

しかもオバマ前政権は不思議なことに中国のハッカーに関して口をつぐんだ。ともかく自由投票という民主主義社会を脅かす事件は、これからのネット社会とＡＩの発達が次にもたらす文明を考える意味で重要である。

自由社会の言論を人間が発明した機械が支配する現実がすでに世界で起きている。

オバマ前大統領は「ロシアではプーチン大統領が関与しない限り、こうした高度で国家的妨害は出来ない」として2016年末にワシントンのロシア大使館員35名をスパイ容疑で国外退去とした。ところがロシアのプーチン大統領は通例の報復追放をせず寛大なところを見せて「次期政権に期待する」とオバマ政権のレイムダックぶりを暗に揶揄した。すかさずトランプは「プーチンは（オバマより）賢い」とほめあげた。

CIAの選挙妨害目的のハッキングがロシアの所為とする報告に「確証はない」とトランプは発言した。確たる証拠も把握していないでないか、としてトランプは2003年の「大失策」を挙げた。ニジェールから核物質をイラクが運び込み、大量破壊兵器を生産しているという誤ったCIA情報を鵜呑みにしてブッシュ政権はイラク戦争を始めサダム・フセインを吊した。

その結果、イラクは無政府状態となり、イランのシーア派が勢力を巻き返してスンニ派を冷遇し、バース党を解体してしまったため、かなりのイラク正規軍の軍人がISに流れた。

「これはアメリカが蒙った被災である」と総括するトランプは続けてこうも発言している。

「ハッキングを誰が本当にやったのかを見つけ出すのは至難の業でありロシアと断定するのは不公平だ。アメリカ政府、企業の多くがハッキング被害に遭っており、すべてのコンピュータは安全ではない」

このトランプ発言にはロシアは単に経由地かも知れず、別のハッカー部隊がいるのかも知れないという示唆が含まれている。というのも世界一のハッカー部隊を持つのは中国であり、ロシアは全軍のデジタル化の完成は２０２０年を待たなければならない。

ついでハッカー技術が卓越しているのは米国とイスラエルである。ＴＩＭＥ（２０１7年1月16日号）にジェイムズ・スタヴリディス退役海軍提督が寄稿し、「イスラエルの諜報機関は世界一優秀であり、三つの情報機関が整合性をもって活動しているが、アメリカはＣＩＡ、ＦＢＩ、ＤＩＡがそれぞれセクト主義丸出しである。総合機関としてＮＳＡがあるが、情報戦略上の整合性がない。アメリカは諜報活動において参考とし、もっとイスラエルと軍事面での協調体制を築くべきだ」と指摘した。サイバーセキュリティの研究開発にイスラエルはＧＤＰの10％を投資し、そのセキュリティ機材、システムソフトの販売は６００億ドル、イスラエル製のソフトウエアは警備、安全保障システムなどが先進国で応用されている。

トランプの反論は次のようなものだった。

「コンピュータは誰でも操作できる。実際に我が十歳の息子はコンピュータで何でもこなせる。だからロシアを犯人だと断定するのは不公平なのだ。ロシアを経由地に遣い、ロシアがやったことにして、では誰が一番得をするか？」

国名を挙げるまでもないことで、２００万人のハッカー部隊をもつ国は世界に一つしかない。

しかし見方を換えて考えると、別の背景がある。

米国が中国の脅威よりロシアにかかりきりになり、国民の目がロシアに向かうと、俄然得点を挙げる国がある。

ルーズベルト大統領の周りを囲んだのはコミンテルンの秘密指令を受けた共産主義者だったことはいまでは周知の事実である。

当時、ソ連は米国をして日本と戦わせ、疲弊したところで中国を影響下に入れ、東欧を共産化した。世紀の陰謀はまんまと成功した。戦後、「誰がチャイナを失わしめたか」と米国で批判が巻き起こった。

このパターンをいまの状況と比較し、推測してみるとオバマの周囲を囲んだブレーン達、ヒラリー・クリントンの怪しげな財団に巨額を寄付していたのは誰だったのか？

かれらが何故南シナ海問題でこれほどいい加減な措置を講じたか（つまり中国が南シナ海を我が物としているのに米軍は放置した）。

台湾に米国が圧力を掛け、独立運動を封じ込め、あまりのことにフィリピンは「米軍はでていけ」と叫ぶに至った。

米国のロシア敵視政策への急傾斜は拙速にすぎるきらいがあり、いずれ後世の歴史家がこの謎に挑むだろう。

トランプは、こうした過去の政策の誤りを深く認識しており、だからこそ「ロシアとの関係改善」を優先順位のトップに置いたのである。コンピュータの情報社会が孕む社会的危険性は従来考えられなかった空間から飛び出してきたということである。

ＡＩが将棋のチャンピオンを超えた？

社会面の些細な事件と思われがちだが、ＡＩが将棋やチェスのチャンピオンに勝つという事態の到来は、近未来を暗喩するかのような危険性を示唆した。

それは将棋、囲碁、チェスの世界チャンピオンがＡＩに負けたという衝撃もさりながら、日本の名人戦で、勝負時間に長く席を外したことが「何らかのソフトをみた（つまりカンニングをやった）」と誤解され、告発されたため斯界が名人を糾弾するという皮肉な結末である。

ＡＩへの疑義より人間不信となったことのほうがよほど深刻な問題である。

ことのおこりは２０１６年夏、三浦弘行九段が「対局中に離席するのは不自然」との声があがり、同年10月、将棋ソフト不正使用が問題視されて連盟は三浦九段の公式戦出場停止処分とした。揉め続けたが年末に三浦九段は無実と判った。

この事件は裏返して言えば、将棋のベテラン達が「もはやＡＩに敵わない」とお手上げ状態になっているという悲観的な真実をいみじくも物語っていないのか。同時に名人もＡＩに依拠しているという認識、感覚の麻痺がすでに意識の中で既成事実化していることのほうが深刻な問題ではないのか。

産業界ではＡＩを歓迎し、労働界は不快感を表す。ＡＩによってもたらされる産業の変質と夥しい失業である。

三菱総合研究所が、衝撃的な予測を発表した。もしこのままのペースでＡＩが発展してゆけば平成42年（２０３０年）に２４０万人の失業をうむ一方、ＧＤＰは50兆円増えるという予測である。

ＡＩの普及によって増加する職種は「ＡＩ、ロボット関連の専門職、技術者」で、およそ２７０万人が増える。他方、「一般職」で64万人が減り、販売で65万人、工場、製造現場でおよそ１６０万人が不要社員となる。建設業界でも67万人が不要となり、失業が大問題となる。

就中、「ホワイトカラー」の仕事がなくなると低所得層に落ち込む可能性があることも指摘している。

この三菱総合研究所の報告書も衝撃的だった。

欧州ではロボット導入に一貫して拒否反応が強かった。労働組合の強い欧州では労働者の職を奪う新制度にははじめから反射神経的に反対するのである。

しかし欧州におけるギルド、あるいは労組の考え方はかなり時代錯誤的で、既得権益への執着が激しい。

たとえばフランスやイタリアでは、資格を持ったガイドがいないと観光バスは走れない。日本からの団体客と仮定すれば、日本からついていくツアーコンダクターに現地の通訳兼ガイド、その上で現地人ガイドが乗り込む。後者は何もしない。バスに座っているだけで客の面倒をみることさえない。既得権益にしがみついて効率化を妨げているが、ギリシアでもスペインでも同じである。ＥＵから脱退する英国は、この悪弊がない。

北欧や英国ではこうした非能率なガイドの制度はない。とくに英国では異質な措置がとられている。

典型的な例がテームズ河の渡し船である。まるで「矢切の渡し」のように船の船頭たちに組合があり、テームズ河に新しく橋がかかったり、トンネルが掘られたりすると、仕事が減る分の補償金として慈善基金が設けられ、そのたびに事実上の補償金が振り込まれる。

米国はこの点でまったくの自由競争社会だから失業保険、年金で暮らすラストベルト地帯には失業者が町に溢れている。典型がピッツバーグだ。

米ホワイトハウスが16年12月に発表した『技術変化に関する報告書』は実行可能な諸政策を提案しているが、骨格は「人工知能と自動化で経済がどうなるか」をめぐり、労働者の対応について検討したもので、最低賃金の引き上げ、労働組合の交渉力強化、職場移動の労働者への住宅供給、労働階層の税率低減、そして職業訓練ならびに再教育への予算増などが推奨されている。

日本の技術革新がスマホを誕生させた

アップルのＣＥＯ（最高経営責任者）のティム・クックが来日し、首相官邸に安倍晋三を訪ねた（２０１６年10月14日）。

その席でクックはこう言った。

「日本の技術革新がなかったらiフォンは誕生しなかったでしょう」

ところが日本製のスマホが世界市場ではさっぱり売れない。値段が高いばかりではない。

人気がない理由は逆説的である。「機能が多すぎる」「サービス精神に富みすぎる」からである。これは２０１６年にアドビ社が先進５ヶ国で実施した調査で、「自分は独創的だ」と答えた人はドイツ人が57％、米国人は55％、英国人41％、フランス人が40％だったのに対して、日本人は僅か13％だった。自分を独創的だと考えている日本人の割合が突出して少ないのが印象的だ。

ところが、もっとも独創的な国はどこかを問う質問に対して全回答者の34％が「日本」と答えている。

なんとこの割合はあらゆる国の中でトップなのだ。「日本は世界からもっとも独創的な国だと思われている。しかし、多くの日本人がそれをちっとも自覚していない」（ダイヤモンドオンライン、２０１７年3月18日）。

「ガラケー」って何ですか？

私は通話機能だけの携帯電話を持ち歩いている。理由は街角に駅にバス停に公衆電話が無くなったからだ。10月にも南アフリカをまわって帰国した折、成田空港のどこにも公衆電話がないことを発見して愕然となった。

携帯電話を持ち歩いてはいても、ほかの機能は使う必要もない。ニュースも天気予報もゲームも不要、通話さえ出来れば良い。携帯電話でメールを送るとか、写真を撮るとかも必要ないが、こういう機種を「ガラケー」というらしい。

筆者の携帯電話をみて若い人が侮蔑の眼差しを含めながら「『ガラケー』ですか?」と言ったとき、それが何を意味するか数ヶ月ほど分からなかった。

ガラケーの契約者はそれでも16年11月現在で２４００万件。格安スマホに契約換えが進んでいても、ガラケーに拘る人たちが依然として夥しい。

同様な理由で煩わしいが携帯電話だけはもって歩く人を周囲にみわたせば、西尾幹二、西部邁、田久保忠衛、加瀬英明、高山正之、中村彰彦の各氏。ところがちょっと若い世代となるとスマホを使いこなしている。渡邉哲也、三橋貴明、福島香織、石平、呉善花、潮匡人の各らである。あげれば際限がないが、皆、なにがしかの携帯電話を持っている。

さらに若い世代となると不思議な機械（タブレットなど）を持ち歩き、現在地を地図で確かめたり、訪れた先の情報をその場で仕入れたり、次の列車の発車時間もわかる。筆者のチャイナウォッチャーの仲間達は大きなキッドを持ち歩き、『人民日報』を談笑しつつも同時に読んでいる。

３年前の夏休み、息子一家とベトナムのダナンで夏休みを過ごした。

孫たちを含め合計7人だったので、リゾートホテルの別棟を借りた。一夕、ホテルのフロントで聞いたレストランを探していた。息子がスマホを見て「次の角を右に」と言った。宇宙の衛星のGPSが繋がって、カーナビの役目も果たしているわけだ。

そんな時代だから単純機能だけの携帯電話のことを「ガラケー」と呼ぶのは「ガラパゴス」の略だ

ということを知らなかった。ガラパゴスの意味が転じて古代生物が生き残っている比喩としているのだ。

以前、地下鉄で分厚く、活字の小さな『文藝春秋』を読んでいる人を若者は「シーラカンス」と呼んでいたことを思い出した。

そこで筆者ははたと思いついたのだ。

――そうだ、ガラパゴスへ行ってみよう。

忽ちにして考察する課題が浮かんだ。

一、ＡＩ（人工知能）が人間を超える日は本当に来るのか

二、ドローンがすでに実用化されているが、兵士も機械化され、つぎにロボット戦争が地球を変えるのか

三、文明の進化に背を向けたガラパゴスの古代生物のたくましさ、ふてぶてしさは逆説なのか

四、人間の文明は何処へ向かい何を目指すのか？

五、大量の失業者を適切に産業の配置換え、再編に適応させることが可能なのか？

マイクロソフトのＣＥＯサティア・ナデラ（ビル・ゲイツの後継、インド系アメリカ人）は、ＡＩ開発は人間が中心となる、として「代替より能力の拡張をめざす」と発言している。

つまりマイクロソフトのＡＩ開発の基本原則は「人間の置きかえ」ではなく、「人間の能力の拡張」にあり、この基本原則は北斗七星のごとく不動である、とした。

「パソコンから携帯電話、インターネットに匹敵するような次のビジネスは、あらゆる事象を変革するだろう。究極的には人間の幸福を考え、その発想の中核は人間が中心であり、もし将来、人間が不要と判断すれば、そのシステムをいつでも止めることができる、予測外のトラブルにもすぐに対応できる、ということを設計の基本に置く」

世間的に喧しくいわれてきたのは「雇用の確保」である。

これは文明と人間の永遠の課題でもあり、産業革命で機械化が進むと多くの単純労働が雇用を奪われた。コンピュータ化によっては銀行も人員整理がすすみ、工場では自動化で人間が不要となる部署が増えた。すでに三十年前に生産現場に大量のロボットが導入されたとき欧州では労働組合が反対し、ストライキが頻発した。雇用を奪う機会は労働者の敵とされた。しかしＦＡ（ファクトリー・オートメーション）がＯＡ（オフィス・オートメーション）となると労働者ではなく、ホワイトカラーの職も奪われた。

雇用喪失という危機意識が拡大した結果、人々は、これ以上の雇用を奪う可能性のあるＡＩの大規模な導入を不安視するのも当然だろう。

だが、減少する職種とはことなって新しい職業が発生した。ネットでは補修サービス、システムの維持管理である。医療分野では医師の仕事が自動化されても看護師、介護福祉士などに圧倒的な人手不足が生まれた。

ネットでもソフトを開発し、それを打ち込む作業は人間であり、むしろ人出不足が深刻化している。インターネットは発達すればするほどに、こんどはハッカー、セキュリティ対策への対応が急がれ、同時にプライバシーの保護をどうするかという難問も降りかかってきた。

つまり文明の進化と人間、というテーマは古代より不変なのである。

雇用、セキュリティ、そして安全保障へと危機への対応は果てしなく拡がるのである。

しかし日本の開発状況をみていると世界的状況に比較してあまりにも楽天的である。

日本のロボット業界がもっとも得意とするのは人間型ロボットの「おもてなし」だそうである。

銀行の窓口やイベント会場の受付、そのうち企業の窓口もロボットが対応し、質問に答えるようになる。AIを内蔵し、カメラで判断し、道案内もできる。エレベーターホールへの案内、ボタンを押すこともお手のもの、実際に佐世保で宿泊したホテルではフロントも掃除もロボットが行っていた。

近未来の店舗を想定してみると、顧客の注文を聞いて商品を渡すことや、居酒屋の会計も行えるようになる。現在、すでに居酒屋の注文は小型のパネルで行える。回転寿司へ行けば目の前のレールに注文したものが器に載って運ばれてくる。こうした現場の延長から次世代の機械はどうなるのか、想像できる状況にある。

駅やターミナルの観光案内はパネル表示に切り替わった観光地も多いが、そのうちロボット案内人が登場するだろう。

国際線のチェックインも日本どころか欧米、北欧諸国でも全て自動機械、荷物のラベルも自動的に発行され、機会が読み取ってお仕舞い。

日本が力点を入れているのは人手不足の介護業界である。多機能をもつ介護ロボットの開発が進んでいる。

ガラパゴス化とは退嬰化のことなのか？

昨今の議論を眺めると「ガラパゴス」は後進的な、退嬰的なこととしてマイナスに捉えられていることがわかる。

典型が「日本経済のガラパゴス化」を懸念する議論だ。この声は経済界やジャーナリズムに強い。次の文明に遅れ、日本は孤立するという強迫観念、あるいは心理的な不安が前提にあるのだろう。

吉川尚宏『ガラパゴス化する日本』（講談社現代新書）によると日本製スマホが世界市場で相手にされない現実がガラパゴス化を象徴するとし、「日本が独自進化して世界から逆にかけ離れてしまう現象」だと憂うのである。

吉川がカテゴリー分けをしてみせる「ガラパゴス化」は次の三つ。

１「日本製品のガラパゴス化」＝日本企業がつくりだすモノやサービスが海外で通用しないこと

２「日本という国のガラパゴス化」＝日本という国が孤立し、鎖国状態になること。地方だけでなく、東京も含め日本全体が鎖国状態となるリスクをはらんでいること。
3「日本人のガラパゴス化」＝最近の若い人のように、外へ出たがらなくておとなしい性向のこと。

しかしこれらは回避するべき問題なのだろうか？

他方、ガラパゴスをすすめる脱文明的な朗らかな議論もある。

アニメは日本文化のサブカルを代表するがポケモンといい、アニメのファッションといい、世界独特である。これが日本企業を優位に導くと主張する議論である。

「日本にしかないもの、日本にしかできないものに注力していく。今、日本経済に必要なのは、むしろ『ガラパゴス化』だ」（櫻井孝昌『ガラパゴス化のススメ』、講談社）。

類書を調べていくうちに非政治的で現実のリアリティを追う議論に面白いのがあった。

「貧しくても淋しくないぞ的な生き方」はアメリカのルールにも従わないのだから、かえって「欧米に暮らす、競争に辟易とした外国の若者達が日本をある種のユートピアと見なし始める」と岡が言えば、対談相手の小田嶋は、「アメリカ人の土俵で勝負しない」とすれば「野球では勝てないが」「俳句や剣道ならまず負けない」という（岡康道×小田嶋隆『ガラパゴスでいいじゃない』（講談社）。

本書を書き始めたあたりから未来学者ハーマン・カーンの預言をしきりに思い出した。

高度成長時代の日本で持て囃された未来学者ハーマン・カーン博士の預言に拠れば「21世紀は日本

の世紀」になる筈だった。

しかしこの預言は色褪せた。ＡＩの発達は、社会の根底を変革した。

スティーヴン・ホーキングは「完全な人工知能が開発できたら、それは人類の終焉を意味するかもしれない」と不気味な未来をかたるが、おおよそ現存する職業の七割は消えて無くなるけれども事態の変遷とともに、新しい職業が増えていくだろう。筆者は後者の楽観論である。

ケビン・ケリーの『不可避』（THE INEVITABLE）によれば、テクノロジー全体を規定する集合的なパワーが存在し、そのパワーが新しい方向性を導くことは不可避的だが、ＡＩが人間を超えることはないし、職業体系の激変がおこるのが避けられないとする。

ハーマン・カーンはたびたび訪日したので１９８０年代のある日、軽井沢のセミナー先に押しかけてカーン博士に会ったことがある。三十数年前、筆者は『エリートビジネスマン・ロボット』（山手書房、絶版）という本を執筆していた。その取材も兼ねた。

巨漢だった。１９８０年代前半、すでに博士は小型のコンピュータを持ち歩き、「これは私のデータバンク」と自慢していた。某国の何年度のＧＤＰとか人口とかが忽ち分かるシロモノ、当時としては最先端だったが、いまやたとえば「ブータンの２０１６年のＧＤＰは？」と問えばスマホから素人でも検索できる。

日本の世紀は皮肉にも１９９０年からバブルが崩壊して「失われた十年」が重複し、さらに延長され、「失われた二十年」となり、まだその状態が続いている。

デフレは収まらず、成長は右肩下がり、社会の底辺を歩くと、不景気。あの長い空車の列をみよ。日本経済にさしたる魅力を見いだせなくなったのか、外国人投資家は日本株を売り越しに転じて株式市場は低迷し続けた。よほど確乎たる見通しがない限り、日本の世紀などと囃し立てられない。

ガラパゴス議論は、これからが本格的になるだろう。

スマホをあやつるゴジラ

「ポケモンGO」とかの異様なブームは交通事故を招来し、批判が集中したため一時的な熱中現象は去った。

日本でも2016年10月26日、愛知県一宮市の市道で、トラック運転中にポケモンに熱中した前方不注意の男が横断歩道中の小学生をはねて死亡させるという痛ましい事件がおきた。

曽野綾子は『ヴォイス』(16年11月号)でこう書いた。

「スマホ片手にポケモンを追って町中をうろうろする子供も学生も大人もいる、という。これは麻薬と同じように人の精神を侵すものだ、という認識は世間にないらしい。そんなことに時間を費やして、自分を豊かにする時間が失われるのを、誰も何とも言わない時代なのだ」

いや、そう言って注意したところで、「ガラパゴスめっ」と侮蔑の視線を若者が返してくるだろう。

ダーウィンがガラパゴスを調査して、25年の歳月を費やした『種の起源』。それほど知的興奮をよぶ場所を原始的と片付けることこそ知の枯渇、知の荒廃ぶりが透けてみえてくる。ジャーナリストたちの「知の荒廃」ぶりはもっと凄まじい。

２０１６年の米大統領選挙で番狂わせと言われたドナルド・トランプ当選をすべてのメディアが予測出来なかった。記事を書く側の心理、偏見がトランプの主張を受け入れたくなかったからだ。

ところが、選挙の十日前にインドのＡＩ企業「モーグルＡ社」が正確にトランプの当選を予測していたため世界的な注目を浴びた。

同社は大統領選挙ばかりか、米連邦議会の上下両院の議員数も予測しみごとに当てた。この衝撃を主要メディアは意図的に小さくしか報道しなかった。自分の不明を恥じるからか、まだ自分たちが真実を伝えていると過信しているからなのか。

なにしろ囲碁・将棋・チェスでＡＩがチャンピオンを負かす時代ゆえに複雑な心境になるのは筆者ばかりではないだろう。

１９８０年代初頭、国際的な事件が起きると、外電のニュースを事務所の隣にあったヒルトンホテル（現ザ・キャピトルホテル東急）のロビィへ見に行った。

外国人客が多いためＡＰ、ロイターなどの記事を掲示板に掲げてのサービスで、米議会の動きが気になる時には貴重な情報源だった。日本のメディアもテレックスで入電するＡＰ、ＵＰＩなどが情報源だった。

ニューヨークタイムズとワシントンポストは三日遅れくらいで日本に空輸された。芝公園にあった

「アメリカ文化センター」の図書室へよく閲覧に行った。国会図書館と早稲田大学の図書館でも閲覧できた。コピーが一枚70円だった。

また国際電報、テレックスを打ちに大手町のKDD（現KDDI）に出かけた。

いまネットで世界同時に重要なニュースが読める。信じられない情報空間に我々は住んでいるのである。

世界中の新聞がネットで読める。ただの媒体もあれば、フィナンシャルタイムズやウォールストリートジャーナルは記事によって課金されるけれど安いものである。週刊誌の『TIME』や『THE Economist』を筆者はまだ購読しているが、いまでは速報性より分析に力点が移ったから、それなりの価値がある。

国際電話は当時米国向けで3分間、6000円だった記憶がある。そこで予め話す内容を英訳し、紙に書いて、それを見ながら二回ほど練習し時間を計り、さらに縮める文章に直してからダイヤルを回した。

やがてテレックスが普及すると、筆者は真っ先にKDDの講習に一週間通ってマスターした。1分間が800円（アジア向けが700円、欧州が900円）だった。電話と比べると格安だった。鑽孔テープに1分間95字に集約して文章を作った。商社などでは、この鑽孔テープをシュレッダーにかけて機密を守ったものだった。

それがすぐにFAXの時代になり、いちいち鑽孔テープなど作らなくとも直接の手書きやタイプ打ちで送れた。料金も安くなった。前後して英文タイプライターが手動式から電動式となり、指へかかる負荷が減った。

ところがＦＡＸは米国では普及しなかった。テレックスも廃れた。国際電話代金が競争で安くなり、１９９０年代後半になると、インターネット時代を迎える。

今世紀初頭からネットは爆発的となって、通信は殆どただ同然となった。

筆者は１９９６年にアトランタのＣＮＮを見学に行って、ニュース二十四時間のビジネスモデルに感動したのもつかのま、ペンタゴンが開発した情報網のイノベーションが民需転換された。

直ぐに『インターネット情報学』（東急エージェンシー、絶版）という本を書いた。

ネット上では時間を気にせず、気安く通信が出来る。会話も出来る。手でもつ携帯電話も90年代初頭までは自動車電話、ついでラジオ局のデンスケのような重い機材の時代を経て、軽量級となり、いまやスマホが主流である。録音機はポケットに入るほど小型化した。しかも中国製である。

自動車電話は１９８５年の世田谷ケーブル火災で電話回線が類焼し、世田谷、渋谷、杉並あたりで不通箇所が頻発、証券会社は役員のハイヤーを店の前に貼り付け、自動車電話で売り買いの注文を出していた。

いまでは株の取引さえ、ネットで行い、瞬時に電子取引が成立する。

若い人がスマホでゲームや読書を、飛行機、新幹線の予約をなし、天気予報から新聞の閲覧、ぐるなび情報にホテルの予約まで、あまつさえ会話、ツイッター、フェイスブック何でもござれの時代となってあのテレックス時代が嘘のようだ。作家の丸山健二は商社マン時代に「テレックスの名人」と言われたそうだが、そういう時代は懐古趣味的な昔話となった。タクシーでＫＤＤ（現在のＫＤＤＩ）に駆けつけて電報を打ったりしたのは、いったい何だったのか。

そして迎えたのがＡＩ革命である。しかしＡＩが人間の英知を超えることはあるのだろうか？

ＡＩが人類の知能を超える衝撃

冒頭に掲げた鈴木大拙の予言は「道具が人間を支配する」という。

その時代、ＡＩは発明されてもいないし、インターネットもなかった。しかし鈴木大拙の「道具」というタームは、今日のネット社会、ＡＩとコンピュータの融合社会に置き換えれば良い。

実際に囲碁、チェスでＡＩロボットがプロの棋士、チェスのチャンピオンを破った。この信じられない、身震いするほどの事態の出現という衝撃は未来におこる何かをみごとに象徴している。

往時、『パンツをはいたサル』というベストセラーがあった。昨今は「スマホを操るサル」から、ついに「スマホが人間を支配する」という恐ろしい時代が忍び寄ってきた。

地下鉄に乗っても通勤客の殆どがスマホと睨めっこしている。中国も同じで、こうしたスマホ族を「低頭族」と言う。

ニュースを読んでいるかと思いきや、ゲームに熱中しているのである。漫画をスマホで読んで笑っている人もいる。かつては通勤アワーの地下鉄では文庫本か、日本経済新聞を読んでいたものだった。「知の荒廃」が現実の脅威となった。

「ポケモンＧＯ」は、世界１００ヶ国でヒットした。ニューヨークで、パリで、ロンドンで、このスマホのゲームが猖獗を極め、知識人は眉をひそめる。スマホを睨みながら道路や公園を占拠し、ついには交通事故も起こして社会問題と化けた。歩きながらのスマホゲームほど迷惑なことはない。

筆者は１９８１年に上梓した『エリートビジネスマン・ロボット』のなかで、産業ロボット革命の進行が、やがて日本を大きく変えるだろう、雇用形態と社会構造が地殻変動を起こすだろうと予測した。しかし産業革命のおきた英国でも蒸気機関車がはしる道すがらの田園では昔ながらの農耕生活が営まれていた。スマホが便利といっても、持っていなくても不自由を感じない一群の人々がいる。

その翌年に筆者が世に問うたのは『軍事ロボット戦争』（ダイヤモンド社、絶版）という本だった。１９８２年だったか。これはいずれロボットが軍事に転用され、戦争が革命的な変貌をとげると予測したもので、ロボット兵士が戦争をおこなう未来図だった。

ミサイルの目はソニーのヴィデオの記憶装置、精密なカメラはニコンからの転用だった。巡航ミサイルは日本の技術なくして成立しないのだが、先端技術はいずれますます激しく、軍事に転用され、最先端兵器システムが登場するだろう、通常の戦争は局地紛争でしか用いられなくなると予測した。

拙著『軍事ロボット戦争』を防衛庁幹部にも見せたが、笑ってすまされた。最近、この本のコピィが防衛関係者の間に出回っていると聞いたとき、出版が早すぎたと思った。

いま、果たして現実はどうなったか。現に『Newsweek日本版』（16年12月13日号）の表紙は近未来のロボット兵士が描かれ、「２０ＸＸ年の戦争　未来の衝撃」という特集である。シリア内戦は泥沼化しているが、１５００キロも離れたカスピ海から発射されたロシアの巡航ミサイルは正確に敵の軍事施設、戦車、兵員を撃つ。

ＩＳ対策として活用されているドローンはアフガニスタンの岩や洞窟に潜むテロリストを確実に撃つ。スマホの通話から位置を特定し、宇宙に浮かぶ衛星が、テロリストの正確な移動ルートを追跡し、敵を特定するや、殺傷兵器が飛び出す。これは日本の発明したヴィデオカメラとカーナビの応用でもある。

この近未来を正確に予測した小説はすでにフレデリック・フォーサイスによって書かれた（『キル・リスト』、邦訳は角川書店）。この本があまり評判を取らなかったのは、描かれた内容の技術的革命性とテロリストの残忍性が、静謐な読書人が敬遠するところだったのかも知れない。

ネットとユーチューブを活用し、どの国の誰が発信元かも分からない秘密のメッセージは世界に伝播され、イスラム過激思想を使嗾《しそう》して、右も左も分からない若者をテロに駆り立てる。現に日本人7人がバングラデシュでホームグロウンの若者に襲撃され殺害されたが、犯人等は裕福な家庭の息子だった。

アルジェリアでは日揮のエンジニア10人がテロリストの凶弾に斃れた。

ネット社会が悪用され、世界の先進国にホームグロウンのテロリストを産んだ。パリでニースでベルギーで、バルセロナで、アンカラで、世界のあらゆる場所で、予告無く大量殺人が横行し、これを追うインテリジェンス機関も、カウンター技術を飛躍させ、ヒューミントを併用しながらも、ＩＳの過激な指導者だったバグダディやアルカィーダの首魁ビンラディンをついに仕留めた。

国際政治の変質、あるいは大転換

ツイッターで強いメッセージを発信する度にトランプは活字や電波メディアを超えてＳＮＳ（ソーシャル・ネットワーキング・サービス）上で急激に国民の人気を博し、ついには本命ヒラリー・クリントン候補を破った経緯は見てきた。当選後もトランプはツイッターを多用し新しいスタイルの政治を展開している。

「中国が公海上で盗んでいった無人潜水艇の返還なぞ要らない。くれてやれ」と言ってみたり、「『中国は一つ』という原則には縛られない」と発言して、米中政界を震撼させたり。北京は心穏やかではないだろう。

イタリアの「五つ星運動」は明確な綱領も政策の具体的提言もない。ひたすら既存の政治家を批判、罵倒し、ネットでこれはと思える候補者を探し出し、人気投票でもおこなうかのように選挙に臨む。そしてローマとミラノ市長を抑えた。都知事に当選した小池百合子は都議選で49人をいきなり当選させ、ついで「希望の党」がブームになりかけたが、この場合も似たようなところがある。

いわば「ネット政党」である。

ことほど左様にＳＮＳの力は侮りがたく２０１６年12月の国民投票でレンツィ首相を退陣に追い込んだ。これまでは個々に不満を持ちながらも、横の連絡が取れずに分断されてきた人々が、ネットで連帯しはじめたのだ。たちまちオンラインによって即席の政治行動を起こせる。これまでタカを括ってきた「ヴァーチャル・コミュニティ」が、政治力量を発揮することがあろうとは想像さえ出来なかった。

ハッカーが大統領選挙で、ヒラリーの陣営のeメールを暴き、トランプ優位に選挙戦を操作したと、リベラルなマスコミは「ロシア陰謀―トランプ」とリンクさせてかき立て、オバマが「報復」を言っていたことまで報じているが、奇妙というほかはない。

第一にハッカーを仕掛けているのはロシアのみならず、中国も北朝鮮も、諸外国も米国やＥＵ主要国も、日本から機密情報を取得している。なぜ米国の主要メディアとオバマ政権はロシアだけを問題にしたのか。過去のスノーデン事件も、ウィキリークスのすっぱ抜きも、すべてはオバマ政権下で起きた。

第二に甚大な被害の具体的なことが何もわからない。ジョン・マケイン上院軍事委員会委員長はオバマ政権の遣り方に反論してこう言った。「たしかにハッカー攻撃があった。しかし、それを未然に防げなかった不作為の反省がないばかりか、具体的にいかなる被害にあったのか。これからどのような反撃、防御対策を立てるべきかを問うべきである」

つまり大統領選挙にのみ、ハッカー犯罪の論点を矮小化する危険性を問題視しているのだ。ことは国家安全保障にかかわる案件ではないか、と。

第三にテロリストが国境を越えて、国籍を問わずに今後しかけてくる新しい攻撃に防御策が取られていない。

最悪のハッカー攻撃が想定されるのは原子力発電所である。とここまで書いていたときに、トルコで発電所が襲われ、１４００万人の居住するイスタンブール郊外が三日間停電した。トルコのエネルギー省の発表では、当初停電原因はマルマラ海を襲った嵐とされたが、その後の調査でハッカー攻撃によるものとされた。

米国が警戒するのは原発である。

当時のロレッタ・リンチ前司法長官とジェームズ・コミーＦＢＩ前長官は共同で記者会見し、「こんにちハッカー攻撃が問題視されているが、もっとも深刻な危機は核施設へのサイバー攻撃であり、もしテロリストによって仕掛けられた場合、おそらくは制御できない反作用、メルトダウンがおきる。その場合、広範囲の核汚染の拡大、膨大な人的被害などが予測される。今後、ハッカーは、大量破壊兵器となりうる」（ワシントンタイムズ、16年12月16日）

ジャン・エリアソン司法副長官（当時）は「実際に無国籍テロリストグループのハッキング技術には格段の進歩があり、この最新技術を駆使して　何時の日か核施設がハッカー攻撃をうけるという悪夢のシナリオが存在する」とした。

すでに米国連邦政府の職員名簿や、ペンタゴンの重要なファイルがハッカーに盗まれている。ヤフーからは十億人の顧客リストが流出した。

もはやSF小説の世界ではない

もともとSF（サイエンス・フィクション）小説か、映画の世界だった。未来の空想が主体だった。ハリウッド映画の『ロボコップ』、『ターミネーター』など恐怖のロボット警官や兵士が登場し、人間の労力を遙かに超えた人工知能で指の関節まで動かし、迅速な行動を取るので大活躍をする。これらのロボットは指示された命令だけしか聞かず、合理的であっても情感、情緒を欠落させており、倫理観はない。だからこそ命令に合理的に反応するだけだ。したがって「アラジンの魔法のランプ」のように、いったん悪の手にわたれば凶悪犯罪にも戦争にもロボットが悪用される。

『ターミネーター』では、それを恐れた人工ロボット戦士（シュワルツェネッガー）が自ら高炉に飛びこんで自滅する。この結末が象徴するように、高度な機械、AIをそなえたロボットが、もし悪用されるときは、それをすぐに破壊できる装置を組み入れるべきである。マイクロソフトのAI研究の目標は人間第一として、人間に脅威を与えるような事態となれば、自動的に破壊するシステムを同時に研究するとしている。

ロボットに情感がそなわったのは『鉄腕アトム』の漫画の世界だった。あり得ない想像の産物である。『鉄人28号』には、それがない。善人がうごかすという前提があるからである。

世界的ヒットとなった映画『スターウォーズ』は1980年代の製作だった。現在のロボット開発の近未来を正確に予言していたかのようだ。ロボットが悪魔にもなりうる恐怖のシナリオが描かれていた。

近代で最初にロボットを想定して未来小説を書いたチェコの作家、カレル・チャペックも、喜怒哀楽のない機械という位置づけをしていた。ロボットは人間が涙を流すのを不思議がった。

いつしかAIが悪用されたとき、軍事ロボットが戦争で威力を発揮することになるのである。

AIやドローン、宇宙開発は戦場と戦闘の姿をどう変えるかとして多角的な検証がされているが、現在の技術の延長戦上に次世代の戦争を描いている。すでに実用化されている産業ロボット、とりわけIT、液晶パネル、塗装ロボットなどは産業の効率化を革新した。

スマホ部品で台湾最大の鴻海精密工業（フォックスコン）は日本に押しかけてシャープも買収したが、自家製の製造ロボットを数万台も投入して、生産効率を上げている。

日本の後塵を拝しているが、中国でも製造現場ではFA（ファクトリー・オートメーション）化が急速に進捗し、高性能ロボットの導入が進んでいる。換言すれば人手はますます要らなくなる。

中国における産業用ロボットの生産量は2016年に前年比70％増加を示した。

産業用ロボットの生産台数は16年1―10月の10ヶ月だけで、5万6604台となった。別の統計では2014年に全世界で生産された23万台の産業用ロボットのうち12万台以上が中国で生産、もしくは日本などから輸入された。

ただし中国の産業用ロボットは大半が搬送や荷物の積み降ろし、家電、金属製造など単純作業対応型で、ハイテクロボットは世界の10％、溶接用ロボットが16％、自動車組み立て用ロボットは10％に過ぎない。

ところが中国はすでにドローンの生産は世界一である。ドローンの脅威は日本でも実証済みで、首相官邸の屋上に赤坂あたりから飛ばされ、1ヶ月前後も官邸が気がつかなかった。もし爆弾を積んでいたら？

かつて米国が開発し実戦配備につけた軍事用ドローンはアフガニスタンの戦場で効果を現しはじめ、タリバン、アルカイーダなど過激派の隠れ家、陣地、軍事拠点、武器庫を急襲し破壊した。幹部の幾人かも殺害したことは述べた。ＩＳの幹部を狙ってドローンが小型ミサイルを発射したり、顕著な効果をあげるに至っており、ペンタゴンが次に進めている開発は秘密に包まれているが、相当な技術革新が行われていると推測される。

せっかく産業ロボット、介護ロボットで世界最先端を走る日本が、軍事方面では徹底して遅れていることに世論はまったく関心がないが、脅威はすでに目の前にある。

フランスの戦略思想家レイモン・アロンに有名な箴言がある。

「正義が統治する社会を定義するより、状況を不適切と非難することは易しい」

トランプの側近ピーター・ナヴァロが言う。

「平和にとっては不都合なことに中国ほどアグレッシブにサイバー戦争能力の増強を図ってきた国はない。また、平和で貿易の盛んな時代にあって、中国ほど積極的にサイバー戦争能力（の少なくとも一部）を展開してきた国もない」

ロシアのハッカー能力より、中国のほうがサイバー攻撃で勝っているのに、オバマ前大統領率いた米民主党とそれに同調したリベラルなメディアがなぜロシアだけを問題にしたのかが問題だと、この行間が示唆している。

中国にはアルバイトを含めて２００万のサイバー部隊がある。

「もっとも悪名高きサイバー部隊はおそらく、上海・浦東地区にある十二階建てのビルを拠点とするＡＰＴ１部隊だろう。ＡＰＴとはアドバンスド・パーシスタント・スレット（高度で執拗な脅威）の略語で、コンピュータネットワークを長期間攻撃することを意味する。（中略）中国人ハッカー達がこうした産業戦線で盗もうとしているのは、大小の外国企業の設計図や研究開発の成果、特許製法といったおきまりのものだけではない。彼等は電子メールから契約リスト、検査結果、価格設定情報、組合規約にいたるまでありとあらゆるものを傍受している」（ナヴァロ『米中もし戦わば』）。

そのうえ中国のサイバー部隊には第三の戦線があることをナヴァロは指摘している。

「配電網、浄水場、航空管制、地下鉄システム、電気通信など、敵国の重要なインフラへの攻撃である。これには、民衆を混乱させるとともに経済を壊滅させるというふたつの目的がある」

たとえば日本とはアニメーションの下請けという合法的合弁企業活動を通して、最初は羊のように学習するふりをしながら、やがて最先端のグラフィック・デザインの技術も習得していった。

電子部品、電機部品の合弁工場はときにドイツ資本であり、米国資本も加わっているとCIA報告が言う。米国製CPUを内蔵したラップトップ型コンピュータが大量に北朝鮮で目撃されており、デルの大連工場で生産されたノート型パソコンは北朝鮮の学校や職場に普及している。

世界一のスーパーコンピュータを誇る中国は、その内蔵CPUが米国製であることを明かしていないが、業界では常識である。

中国のスーパーコンピュータは米国製を繋いだシロモノに過ぎない。これで宇宙でのロケットの巡航速度、角度、遠隔操作をしているのだ。

そのおこぼれが北朝鮮へ渡る。北の指導者が視察した英語学校では教室のコンピュータがデルであることを多くのジャーナリズムが目撃し、写真を公開してきた。デルは大連に大工場がある。

国連決議2270は、北朝鮮の核開発、ミサイルにつながるあらゆるIT、関連部品の輸出を禁止している。にもかかわらず、この国際的な掟、監視の網の目を巧妙にかいくぐって密輸している国がある。

鴨緑江を越える闇のルートが活用されている。くわえてISなど国境を越え、国籍を問わずに次々と新しい攻撃を仕掛けているが、抜本的な防御策が取られていない。

衛星誘導のＧＰＳを持たない北朝鮮がなぜミサイルの命中精度をあげているのか

北朝鮮のミサイルの脅威が論じられているなかで、一つ重要な要素が話題になっていない。つまりミサイルの命中精度向上はいかなる技術によるものなのか。打ち上げに使われる移動用の大型トラックは中国製である。エンジンはウクライナ製である。

北が連続的に打ち上げているミサイルは標的にほぼ正確に命中させたとされる。この成功には宇宙に浮かぶ衛星の誘導が必要である。だが北朝鮮はそうしたシステムを持っていないのだ。

２０１４年に北朝鮮から中国に派遣された専門エンジニアは、宇宙衛星による測位と、誘導技術をいかに応用し、ミサイルに利用するかの訓練を受けている。中国が独自に開発した誘導システムは「北斗１」と「北斗２」（コンパス）といわれる。

米国とＥＵ、ならびにロシアのシステムは一般的に「ＧＬＯＮＡＳＳ」と呼ばれ、北朝鮮がこのシステムに悪のりしている可能性は捨てきれないものの、消去法で考察すれば、やはり中国のシステムへの依拠であると専門家はみている。

ロシアは北朝鮮の核実験以来、核とミサイル関連のシステムや部品、技術の輸出を禁止してきた。けれどもロシアの開発したＧＬＯＮＡＳＳの関連装置、部品まで制裁の対象となっているかは不明である。

４月に米国はトマホーク・ミサイルをシリアへ撃った。これらはトマホークが内蔵する誘導装置と、宇宙に浮かぶＧＰＳが地中海の洋上にあった駆逐艦からのミサイルを正確に標的に導いた。

中国は欧米ならびにロシアの測位システムとは異なった、独自開発の「北斗」シリーズを構築するため、これまでに20基の衛星を打ち上げており、２０２０年に合計35基の衛星を宇宙に浮かべると全地球をカバーできることになる。

「北斗１」は四基（うち一回は失敗）、すべては静止衛星で、長征ロケットによる打ち上げだった。「北斗２」は現在までに16基（一回は失敗）、やはり長征ロケットによる打ち上げだが、静止衛星、中軌道のほか傾斜対地軌道のものがある。

北斗は商業用と軍事用に仕様が分かれており、現在６億から８億の中国人が使っているスマホはこの北斗のＧＰＳを利用できる。

一方、ＧＬＯＮＡＳＳは、米国、ロシア、ＥＵのＧＰＳシステムの総称として使われるが、厳密に言えばロシアが開発したのがＧＬＯＮＡＳＳ（Global Navigation Satellite System の略）で、米国のそれはＧＰＳ（Global Positioning System）、ＥＵはガレリオ計画という。

現在、ロシアはインド政府の協力を得て、24基の衛星、米国は35、ＥＵは４基の衛星が軌道上にある。しかし天体の電波障害によって、ＧＬＯＮＡＳＳは２０１４年４月１日に11時間、機能不全に陥り、世界中のユーザーに影響が出たこともある。

中国の北斗システムは、既存のＧＰＳシステムとは隔たった独自の開発によるもので、軍の仕様はまったく明らかになっていない。しかしその応用技術を北朝鮮に教えたことはほぼ確実であろう。

ハッカー、ウィルス、偽情報が戦争の道具化している恐ろしい現実

日本で衝撃的なサイバー攻撃はガス大手「太陽日酸」事件である。管理者権限が奪われ、1万人前後の社員のメルアドが盗まれた事件である。

太陽日酸は化学プラントなどの爆発防止用の窒素、病院などで使用されている酸素など、産業ガスの製造販売で日本一、世界第5位の企業である。サイバー攻撃はシステム内の広範な情報を盗み、管理者権限を奪っていたことが発覚した（読売新聞、17年1月1日）。サーバーがウィルスに感染し、遠隔操作で簡単に６００台余のコンピュータに「指令」を送れるのだ。

国際的に被害を挙げるとすでに２００３年、米国の原子力発電所の制御装置がウィルスに感染していた。２０１５年にはウクライナの変電所の送電が止まった。付近は大規模な停電に襲われた。16年末にはトルコで発電所がハッカーに襲撃され、停電が発生した。

これらの背景は国家安全保障の脆弱性を狙った仮想敵国の軍事シミュレーションとも考えられるが、もう一つの可能性は企業脅迫である。

これを「ランサム（人質）ウエア」と言う。

その企業、団体、政府、あるいは個人のコンピュータに忍び込んでウィルス攻撃などで機密情報を盗み、当該被害者に高値買い戻しを迫る「新商売」でもある。

すでに5社に1社という割合で被害が確認されており、なかには身代金一千万円を支払った大手企

業もある。

決済にビットコインなど仮想通貨を駆使して、国際間の取引が可能であり、日本企業がやられたからといって犯人は日本人とは限らない。被害は個人のパソコンが2万6300台、邦人のパソコンが7900台だった。トヨタやNECなどは身代金の支払いには応じないと姿勢を示している。

16年6月に発生した「JTB事件」では業界最大手JTBから670万人分の情報データが盗まれた。手口は取引先のANAを装ってウィルスが送られてきたことによる。

「過去三年間で中国に存在する72のサイバー攻撃グループを確認しており、そのうち13グループが人民解放軍の支援を受けている」（ファイア・アイ日本法人の岩間優仁副社長、日経1月1日談話）。

米国シマンテックの日本法人の調べによれば、「2016年のIoT機器に対する攻撃の発信源」は中国が34％、米国が28％、ロシア9％、ドイツ6％、オランダとウクライナが各5％、ベトナム4％、その他が9％となっている。中国がハッカー攻撃では世界一なのである。

欧米では近年、製鉄所へのサイバー攻撃が顕著になってきており、模擬施設をつかってシミュレーションを繰り返す。

とくにウィルスが発電プラントなどに侵入すると事故に繋がり、日本の場合は原発ばかりか火力、水力発電に警戒が必要である。戦争では、敵のエネルギー源、とくに電源を断てば機能不全に陥らせ、戦争を有利に展開できる。

強悍精鋭を誇るイスラエルの軍隊組織にもネット上でハッキングを大規模に行うトロール部隊の被害が出た。

中国の「五毛幇」（五毛党ともいう）の存在はいまや世界的に知られるが、権力に都合の良い世論をネットに片っ端から書き込み、ときに偽情報を垂れ流し、五毛（8円ていど）を貰って生活の糧としている第五列的な存在。これに対する「トロール部隊」はネット上で迷惑メール、偽装メール、偽情報などを集団で行う。

最近の偽情報の傑作は「ローマ法王がトランプ支持になった」「ヒラリー・クリントンはIS過激派に武器を横流しした」などの偽情報である。「トランプはプーチンの操り人形」というのもあった。

さも重要機密文書であるかのような嘘をネットに流し世論を操作する情報戦略の一環だが、基本の情報戦略は古今東西同じ、使う武器がインターネット、携帯電話、フェイスブック、ラインなどに変化したということである。

手の込んだ戦術のひとつが「なりすまし」で、世界的に流行するなりすましツイッターも現れた。ドイツの難民キャンプ近くでドイツ系少女が難民に暴行を受けてレイプされたというネット上の偽ニュースなど、真偽を確認するのに時間を要した。

ドイツでは難民キャンプ襲撃事件が起きた。効果テキメンとなった情報作戦で、日本がまだ被害が少ないのは「日本語」という壁で防いでいるからだ。

それでも二〇一七年八月には「産経新聞号外」になりすまし「安倍首相夫妻を逮捕」という悪質な偽情報がネット上に流れた。

パレスチナでも偽ニュースが流れた。これはイスラエル軍の兵士数十人が、パレスチナ自治区ガザ地区を実効支配するイスラム原理主義の「ハマス」がしかけた、サイバー上の「ハニートラップ」に遭ったというもの。

これはフェイスブックで魅力的な女になりすまして、ネット上で接触したイスラエル兵のスマホをハッキングしていたのだ。ハマスは偽の美女プロフィールをフェイスブックのアカウントに載せ、イスラエル軍兵士を長時間チャットに誘い込んで、ウィルスを仕込んでいたという。ウィルスに感染したイスラエル兵は偽ソフトをダウンロードしたため、スマホを乗っ取られるという失態に繋がってしまったのだ。

ＡＩが人間を超える

小林雅一『ＡＩの衝撃　人工知能は人類の敵か』（講談社現代新書）は、「自ら学んで成長する能力を身につけた次世代ロボットは、人間社会をどのように変えるのか」をテーマとしている。

洗濯ロボ、清掃ロボ、看護ロボ、自動車ロボはいずれ運転手をも必要としなくなり、家電や看護ロボットを超えて、あらゆる製品でＡＩロボットが活躍すると、社会は激変する。雇用状況も激変する。

そして人類は滅亡へ向かうのか、機械の奴隷となるのか、深刻なテーマを追求している。

前述のホーキングらは「ＡＩは今後、指数関数的な成長を遂げ、２０４５年頃には人間の知性を超越した存在になると予想しています。（中略）超越的な進化を遂げたＡＩがいずれは暴走し、人類に壊滅的な被害を与えるという懸念も囁かれています」

具体的には「ＡＩは金融市場を混乱させ、科学者や政治的リーダーを出し抜き、われわれ人類が理解できない新兵器を生み出してしまうかも知れない。現時点でわれわれが考えなければならないことは『誰がそうしたＡＩを制御するか？』だが、長期的には、『そもそも人類はＡＩを制御できるのか』が本当の問題となって来るだろう」と恐ろしい技術の未来を予測する。

介護ロボットとか、愛玩動物がわりとか、日本のロボット論議は、こうした文脈からいえば楽天的なほどに愚かで、のんきで非政治的な、非軍事的な、いつものように現実離れした議論に埋没している。

愛玩ロボットなどというけったいな存在は欧米では皆無に近い。

愛玩犬や猫を飼う人は多いが、ロボットへの畏怖は日本人の想像をこえるものがあり、もっといえば欧米は一神教の世界、創造主の範を超える真似は出来ないという真理が作用するらしい。ハリウッド映画に『猿の惑星』があったように愛玩ロボットがいずれ人間に報復するという不安が心底心理に沈殿している。

ＡＩが人類に対しての脅威となればスイッチを切れば済むことではないのか。電池で動くのならバッテリーを外せば良いのではないか。

ＡＩが人間を超えるという恐怖を払拭するには、そのソフトを誰がインプットしているか、考える必要がある。将棋やチェスでチャンピオンを負かすのは、「人間のチームが膨大な将譜をメモリーに記憶させ、難しいプログラムを研究開発してようやく作り上げた機械だ。コンピュータが自分でシステムを構築したわけではない。システム構築を行った秀才達であり、彼らが集まって高性能機械を駆使し、天才棋士に勝ったというだけの話である」（中略）「人工知能が自分でプログラムを書き換えていくといっても、それはあくまで人間のエンジニアの管理のもとでのことである。だから、人間に敵対する可能性が出てきたら、電源を切ってしまえば片がつく」。

こう指摘する西垣通（『ビッグデータと人工知能』、中公新書）も軍事技術への転用だけは別次元で考える必要があると指摘している。

新薬の開発もＡＩで行おうと、武田薬品、ＮＥＣ、富士フイルム、塩野義製薬など50社が連合する。新薬をさぐるには巨大な費用が必要であるとされ、政府が当初、25億円を支援する。

新薬発見の成功率は2万分の1から3万分の1というレアな確率であるため、ハイテク企業の連合によって国際競争力を高め、成功率をあげようとする目論みがある。

臨床データ、細胞の分析、学術論文などデータをＡＩに学習させ、それを分析するプロセスで、総額１００億円の大プロジェクトとなる。

米国、ドイツと比べると日本の新薬開発は遅れており、国内最大手の武田薬品でも世界17位に過ぎない。米ファイザーの開発費の半分以下、ジェネリック薬品ではインドの企業が圧倒的なシェアを誇る。

このような議論をみているうちに行き当たったのは井上智洋『人工知能と経済の未来』（文春新書）である。

失業が増えて暗い未来のシミュレーションなのかといえば、むしろ逆である。英知がＡＩに代替されることはないというのが結論で、それならいま喧しく言われている「シンギュラリティ」の恐怖は去るということだが、かならずしも明るい楽観論でもない。

「計算機科学者の一人、ハーバート・サイモンは、１９５７年に10年以内にコンピュータはチェスのチャンピオンを打ち負かすと予測していますが、実際にそれが実現したのは40年後の１９９７年です。チェスのようなコンピュータに向いているジャンルですらこの体たらくでした」

20世紀初頭にはケインズが「技術的失業」について言及している。しかしこのケインズの警告直後からウォール街の暴落に端を発した世界大恐慌がおこって、技術的失業などというタームはつい最近まで聞かれなかった。ちなみに技術的失業は（technological unemployment）である。

「コンピュータが全人類の知性を超える未来のある時点のことをシンギュラリティ」と言い出したのはアメリカ人発明家レイ・カーツワイル（２００５年）だった。

しかしその後のＡＩの発展を考察していくと、パターン認識、データ識別、その演算速度で人間はＡＩにかなわないけれども、それなら「人間の意識はコンピュータにアップロード出来るか？」という問題が浮上する。形而上学的な領域まで、その精神の領域にまでＡＩが踏み込めるのか。

つまり音楽、絵画、和歌、詩歌、映画、小説、アートをＡＩが計算機で策定し創造することが出来るのかという問題だ。

ＡＩが紫式部や井原西鶴を超える?

この問題を、「ＡＩは『Ｇ線上のアリア』を生み出せるか」と井上は問いかける。「人間は多種多様な欲望や感性を持っている」のであり、人類の感覚の通有性があるが、「ＡＩと人間の間に感覚の通有性がアプリオリには存在しません」という。要するに、ブルーカラー、ホワイトカラーの一部の職を奪うにせよ、ＡＩロボットは人間を超えられない幾つかの壁がある。すなわち「創造系」の職業、「経営・管理」、そして「もてなし」という領域の職種を凌駕できることは想定しにくいのである。

ＡＩが井原西鶴や松尾芭蕉を超えることはあり得ない。伊藤若冲や写楽や菱田春草や藤田嗣治を、ピカソやレンブラント、ミュシャやバッハや信時潔を、漱石、鴎外や三島を超えることはないのである。

第二章　ガラパゴスで考えてみた

絶滅の危機に追いやられても生き残る

ガリレオ、コペルニクス、そしてダーウィン。真実を発見し、勇気をもって迷妄に挑戦した人々である。

とくにダーウィンはガラパゴス諸島をつぶさに見聞し、自然淘汰と適者生存を基軸とする『種の起源』を発表した。この著作は世界中に波紋を拡げた。

ヨーロッパのキリスト教社会では「人間は神が創造した」ということになっており、この聖書への真っ向からの挑戦は勇気がいる行為だった。

日本で『種の起源』は、はやくも明治29年に翻訳されている。その後、十数冊の翻訳書が溢れたが、なかにはアナーキストの大杉栄の訳本もある。大杉にとっては権威への挑戦という姿勢が気に入ったのか？

南太平洋の孤島ガラパゴス諸島（エクアドルに帰属）へ行こうと思い立ったのは筆者が使っている携帯電話がスマホではなく所謂「ガラケー」で、それも若い人から指摘されるまで意味がわからなかったことに端を発する。このことは書いた。

鈴木大拙が予言したように「道具が人間を支配する」時代が来るのではないのか。こうした文明史観的な視点に立って周囲を見まわしてみれば環境の激変はあまりにも迅速で、その変化に追いつけない。

「そうだ、ガラパゴスへ行こう」と短絡的思考回路から思いついたのだ。ウミガメやイグアナの隣でＡＩ文明の行く末を考えるのも一興だろう。

チャールズ・ダーウィンが『種の起源』を書く原動力となったのはガラパゴス諸島。古代生物が固有の遺伝種をもち、バイタリティに富んで生き続けている事実に着目したからだった。そこで旅行鞄に岩波文庫の『種の起源』も入れたつもりでいたが忘れてしまい、帰国後に読み直した。

ガラパゴス諸島の代表はゾウガメとイグアナであろう。ゾウガメは３００万年、イグアナは１１００万年前からガラパゴスで独自の進化を遂げていた。

３００万年と聞くと気が遠くなりそうだ。

それにしても地球の裏側、エクアドルの首都キトから商都グアヤキルを経由して、玄関口＝バルト

ダーウィン像と筆者

ラ島への飛行機の便は一日に二便か三便しかない。

　この飛行場とて、大戦中に米軍が地政学的優位性から建設した跡を拡張したもので、いまでは300人乗りの大型旅客機が離着陸し、「文明国」のニンゲンを大量に運んでいる。とくに西洋人のガラパゴス詣では一種信仰的行為に近いのか、或いはゆとりある老人のブームなのか。

　入国に際して荷物検査は厳しい。

　古代生物の絶滅を防ぐため、果物、動・植物の種子も持ち込ませない。空港に到着するとタラップを降りる前に機内で検疫処置が執られ、入管ではバッグの中味が慎重に点検され、ペットボトルにいたるまで入念なチェックがある。「入島税」が100ドル（べらぼうだが、自然保護の寄付金と思って沈黙する）徴収され、パスポートにウミガメのスタンプが押される。

しかし西洋人の旅客は軽装、半ズボン、タンクトップの女性。どこかチグハグな感が否めない。ガラパゴス諸島は上陸が可能な14の島と、無数の岩礁でなりたち、住人の先祖はポリネシア系から流れ着いたとされる。独自の言語を持たないのも大航海時代まで無人島だったからだ。

現在の島民はエクアドル、ペルーからも漂着したらしく、いまでは訛《なま》ったガラパゴス方言的なスペイン語を操る。看板も書類もすべてスペイン語、ホテル、レストランなどでは英語もかなり通じる。それだけ夥しい観光客がこの島を襲っているわけだ。

それにしてもなぜ絶滅に近い古代生物が、この絶海の島々に集中しているのか。独自の遺伝子を持つのが113、そのうち11種が絶滅した。

多彩な生物が集まったのは東西南北から流れ込む海流の所為である。

北はパナマ海流にのってアシカが、東からは南赤道海流にのってゾウガメ、フィンチ、イグアナが、南からはペルー海流でペンギンとオットセイが、そして西からクロムウエル海流が流れ込んで海中には巨大マンタがいる。

ガラパゴス諸島は「個々の島で生じた新しい種は他の島に急速に拡がってはいかなかった。（中略）島々は互いに視野のうちにあるのではあるが、深い海で隔てられており、多くの場合にそれはイギリス海峡より広いのである。そしてまた、島々が昔連続的につながっていたと想像されるものは、なにもない。海流は急で、群島を横切って流れ、強風は極度に稀である。それにより島々は、地図で見た感じよりもはるかに効果的に隔離されている」（ダーウィン『種の起源』、岩波文庫版下巻）。

ダーウィンは驚くのである。

ガラパゴス諸島の多くの島での生物は「大部分はそれぞれの島でちがったものであるのに、世界のほかのどこの生物よりも、比較にならないほど密接な程度に相互に類縁を有している」からである。

その類縁の典型が、イグアナとゾウガメである。

百歳を超えても生殖するゾウガメ

古代生物の絶滅の危機が真っ先に騒がれたのはゾウガメだった。「孤児《みなしご》ジョージ」と渾名された異種のゾウガメと精力絶倫の「ディエゴ君」の対照的サンプルとして有名だった。ガイドブックにも写真入りで紹介されていた「孤児ジョージ」は２０１２年に死亡し絶滅種となった。

かたや「ディエゴ君は推定年齢百歳を超えても生殖が盛んで少なく見積もっても３５０頭、最大８００頭の子をなした」（ニューヨークタイムズ、２０１７年3月12日）。

「ディエゴ君」と名付けられた理由は絶命寸前に米国サンディエゴ動物園にオス一頭だけ生き残っていたのを頼み込んで１９７７年に引き取り人工繁殖に努めたからだった。

絶滅寸前にまで追い込まれたのは海賊船が横行した時代、ゾウガメが海賊に大量に捕獲され、およそ20万頭が食い尽くされたからだ。

ゾウガメは草、サボテン、木の実を食べるが代謝が低いため水なしで一年近く生きられる。海賊船が乱獲して船に積み込み、食料にして食い尽くした。ダーウィン博士も航海中は食べたことと推定される。

ここで大事なことは生き残って繁殖したゾウガメと絶滅したゾウガメは、なぜそうなったのか。引き籠もりで社交性のない日本人が70万人、結婚しない若者とりわけ男性の「生涯独身組」が40％もいる日本で、ときおり子沢山の家庭を方々で見かけるように、子孫の繁栄では明暗を分ける。冷静に言えば、「適者生存」の法則が生きていることになる。


さてサンタクルス島のプエルトアヨラは、３万余の人口が密集する町である。

この町のメインストリートにあるグランドホテルに旅装を解いた。南洋特有の木造建築で粗末な煉瓦を組み立て、エレベータなどあるわけがない。むろん風呂なし、シャワーだけ。朝食も極めて質素。中庭に小さなプールがあった。その脇にゾウガメの剥製が飾ってある。

波静かな入江を中心に三本のメインストリートの両脇にはレストラン、パブ、土産屋、ジュエリー加工店、バアが犇《ひし》めき、なんと寿司バアも一軒。どこにでもあるリゾート地の景観だが、よく見ると1階は店開きしているが、２階はまだにょきにょきと建設中の柱がむき出しで、中はガランドウという店が少なくない。

工事中ということにすれば税金が免除となる制度上の優遇措置を利用しているらしく、「資金に余裕がでたら追々建て増すサ」とばかりに、完成の予定はないそうだ。

急ごしらえの観光地という感があり。一本奥には日本料理もあった（店名「夏海」から判断するに中国人経営だろう）。

夜にはクルマの出入りを遮断して路上一杯にテーブルと椅子が並べられ、人気のある店は欧米の観光客でいっぱいだ。金目鯛、マグロを目の前で料理する。ホイルに包んで焼き上げた30センチもある金目鯛を一人でつつく豪快なもの。前夜まで鶏や魚の食事が続いたので、ここで筆者夫婦は野菜を食べさせる店を選んだ。大ぶりなどんぶり鉢に大きなじゃが芋がごろりと入ったスープ、彩りの良いパプリカのソテーにレタス（！）などを添えた小ぶりな魚のムニエル。デザートは山盛りのスイカとメロン、パイナップル。ビール、ワインとともに十分に堪能した。ガラパゴスでまさか、このような食事にありつけるとは想像していなかった。

圧倒的に白人の観光客が多い。ちらほら中国人、韓国人、そして日本人のツアー客もあるが圧倒的に多いのはフランス人とアメリカ人だ。

海のタクシーに乗った

海のタクシー（小型定期船）で行く、入り組んだ入り江の先に立地する洒落たレストランもある。

日暮れともなれば海風が心地良く、ワインも美味い。人の生き血を吸うハエの多いのにはびっくりした。レストランが虫よけのジェルボトルをデンとテーブルに置き、むき出しの手足にこれを塗れという。塗っている間にもあちこちをチクリと刺された。

絶望的になって天井を見上げれば、あっちにもこっちにもヤモリがはりついている。ボトリと落ちてこられてはたまらない。このヤモリが気になりだしたら、足の脛に寄ってくるハエの方への気遣いはお留守になった。たちまち五、六ヶ所を刺されてしまった。

サンタクルス島と空港のあるバルトラ島は渡し船が頻繁に往来しており、波止場と空港を一直線に結ぶおんぼろバスが走る。ほかに空港があるのはサンクリストバル島だけ。2017年7月現在、ガラパゴス諸島全体で4万人が居住している。

多様な入江、あくまでも澄み渡ったオーシャンブルーがグラデーションをなす海。綺麗な白砂の砂浜に素知らぬ顔で横切るウミイグアナを眺め、アシカと寝そべり、泳ぎ、潜っては海の中の生き物に触れられるのは大きな魅力だ。世界遺産第一号になってから、ここに世界中からテレビ局の取材が入り、近年海水浴やシュノーケル目的の観光客まで押し寄せるようになった。この人たちは古代生物に殆ど興味がない。

よく知られたゾウガメに加えて、イグアナ、アシカ、軍艦鳥、アホウドリ、カツオドリなどが観光客の眼を惹きつけるが、それぞれの島に固有の生態分布があり、フラミンゴやペンギンを見ようとすればクルーズ船に乗って十余の島々をめぐることになる。主要な生物をすべて見ようとすれば、2週

首長ゾウガメ

間以上の滞在が必要だろう。

首長《くびなが》のゾウガメはダーウィン研究所で見学できた。首をぐいと伸ばして高いところのサボテンを食べるからだ。

ピンタ・イグアナはちょうど筆者が訪れた3週間前に死んだとのこと。がらんとした囲いだけが炎天に晒されていた。

ウミガメは甲羅の形でどの島のものか、専門家にはすぐに見分けがつくらしいが、馬の鞍の形からドーム型まで現在生き残っているのは11種類。絶滅してしまった形も数種。ノースセイモア島やサウスプラザ島ではリクイグアナやウミイグアナもたくさん見かけた。

海辺でも街中の公園でもリクイグアナが道をのそのそと我が物顔に歩いている。

800メートルほどの標高のところでは、空港のあるバルトラ島の荒寥とした大地とは異なり緑豊か。乾期だったが、高地にだけは雨の降ることが多く、ホテルを出るときは抜けるような快晴でも、高地に差し掛かると決まって激しいスコールに出遭った。

そのおかげで辺りはまるで新緑のような木々と牧草地に覆われている。雨後にゾウガメはよく動く。運悪く大雨に遭ったと思ったら、雨上がりに車道をのそのそと歩くゾウガメの集団に出遭ったのを皮切りに、草地のあちこちにドーム型の甲羅をのぞかせて動き回るゾウガメを数十頭は見ただろうか。ひと回り大きいのがオス、小ぶりなのがメスだと教えられた。

現地のガイドが「二階建てゾウガメがいる」と指をさした。ちょうど交尾中で、亀の二階建てのような格好での行為は三、四時間にも及ぶという。平均寿命100歳。メスは25歳、オスは40歳から生殖能力を発揮するとされ、100歳を超えても立派に子孫を残せるというから、すごい。羨ましくもある？

ゾウガメから2メートル以内に近づいてはいけないルールがあるため道路を横断中のゾウガメに遭遇したら根気強く横切るのを待つ。あくまで動物優先。島では馬も牛も共存している。殆どの生物に天敵がいないため、人間が近づいても恐れない。

島民もみな親切でのんびりしている。

芋、サトウキビ、パイナップルは自給できるが、あとの食料は輸入に頼る。このためスーパーでも物価は意外に高い。レストランでビールを飲む。小瓶が400円、グラスワインが1000円前後だ。タバコは米国産が主である（ちなみにエクアドルの通貨は米ドル）。エクアドルの政治は反米路線、おりから選挙も行われていたが、この反米の国の法定通貨が米ドルとはこれいかに？　と思った。大統領選挙は現職の反米大統領をやぶって原住民の候補が当選した。

ユネスコの世界自然遺産第一号の登録は、1978年のことだった。爾来《じらい》、ガラパゴス諸島全体が保護の対象となって、上陸できる地点は全体の3％程度という。植物も保護対象で、砂上に育つ赤色のセスビューム、ミコニア低木群、マングローブも独特である。シダ類も多い。

生態系はエンデミック（固有種）、ネイティブ（在来種）、そしてイントロデュース（輸入種）の三つに分類される。もちろん大切な保護対象はエンデミックだ。

ダーウィン研究所はゾウガメ、イグアナなどの飼育をして卵を守り育て、2歳くらいになると自然に返すのだが、過保護で育った古代生物は生命力が弱いという。

研究所の売店にはTシャツや帽子、お決まりのお土産グッズも売っている。「孤児のジョージにはTシャツの図柄で会える」（前掲ニューヨークタイムズ）。

研究所維持費は寄付に頼っているからだろうか、入場料のようなものはない。

島内を軽快に走る貸し自転車もある。ヨットを貸り切ったダイバー達も夥しい。

主だった湾内には大小さまざまなクルーズ船が舫ってある。海流速度の緩やかかな、波も静かで深い好適ポイントを選んで泳ぎに行く。四囲を海に囲まれた小さな島でも適不適のポイントがあるからだ。

「もう2ヶ月、毎日泳いでます」という若い日本人女性に行き遭ったときは驚いた。日本人に出遭って嬉しくて声をかけたと言っていた。傍らに地元の男性。板を手にしたサーフィン族もいたが、イースター島の方が盛んとか。環境保護とはほど遠い観光客の実態が一方で進行中なのだった。

ダーウィンは『種の起源』で何を訴えたのか

『種の起源』は進化論の嚆矢《こうし》、ガラパゴスの古代生物を観察し、なぜ生き残っているのか、独自の進化を遂げているかを調べた著作とされる。

だからガラパゴスで、イグアナやアシカ、アホウドリ、フィンチなどを観察しながら読んでみたかった。帰国後、現地の写真やらダーウィン研究所でみた光景をひとつひとつ思い出しながら読んだ。半世紀ぶり、中味はすっかり忘れている。

それにしても訳文もカタイ。一昔前の日本語である。最初に気がついたのは題名が誤解を与えていること。

『種の起源』は省略されすぎた書籍の題名なのである。正確には「自然選択の方途による、すなわち生存闘争において有利なレースの存続することによる、種の起源」。これがフルタイトルである。

ちなみに英語の原題は「ON THE ORIJIN OF SPECIES BY MEANS OF NATURAL SELECTION, OR THE PRESERVATION OF FAVOURED RACES IN THE STRUGGLE FOR LIFE」である。

第二に肝腎のガラパゴスのことは三ヶ所しか出てこない。

道路端にいたイグアナ

第三にダーウィンが乗り込んだ探検船「ビーグル号」、じつは軍艦だったことだ。

進化論は発表当時の社会情勢からいえばキリスト教に対するタブーに挑んだことを意味し、聖書では神が大地に息を吹きこんで人類を、動物を産んだことになっている。

動物、植物、生物の観察日誌だが、なにしろどの大学にも研究機関にも属さなかった自由人として、しかもダーウィンは博覧強記、地質学、植物学、天候、博物学の見地から洞察がなされるが、究極的にこの本は「人間」を論じているのだ。

実存としての人間は自然選択と適者生存、つまり生存競争に打ち勝った種が生き残る。

「世界の歴史で相次ぐおのおのの時期の生物は、それより先にいたものを生存のための競争でうちまかし、それだけ自然の階段を高くのぼっていく」（下巻）のであるとちゃんと書いている。

適者生存の法則とは過保護の生物は淘汰される。自然淘汰の原則で、ガラパゴスのゾウガメとイグアナのことを思い出した。

「動物を飼い慣らすことはきわめてたやすいが、拘束のもとで自由に繁殖させるのは至難のことである。たとえ雌雄が交接する場合が多くても、子は生まれないのである。原産地で、しかもそれほどきびしくない拘束のもとでながく生きながら、子を産まない動物がなんと多いことか。これは一般に本能がそこなわれたことに帰されている」（上巻）

孤児ジョーンズ（ゾウガメの一種）には二頭の雌亀が与えられた。人間社会で言えば「妻妾同居」状態だった。にも拘わらず子を産む能力に恵まれず、他方、米国から持ってきたゾウガメの「ディエゴ君」はすでに１００歳を超えているのに、８００頭の子孫を作った。

つまり「生存競争は、あらゆる生物が高率で増加する傾向をもつことの不可避的な結果である」とダーウィンが言うような結果がでている。

このあたりを読んで連想するのは日本人と中国人の比較、ジョーンズ君が日本人、ディエゴ君があのエネルギッシュな人たちだ。

ダーウィンはこう続ける。

「すべての生物はその本来の寿命のあいだに多数の卵あるいは種子を生じるのであるが、一生のある時期に、ある季節、あるいはある年に、滅びねばならない。もしそうでなければ、幾何学的（等比数列的）増加の原則によって、その個体数はたちまち法外に増大し、どんな国でもそれを収容できなくなる」（『種の起源』岩波文庫版上巻）

適者生存の大原則を忘れた日本人

中国語新聞「多維新聞」（２０１７年２月24日）は、西暦２５００年に日本の総人口は１０００名となり、元凶は結婚しない若者の増加にある、と警告的記事を掲載した。

日本政府が25歳から29歳の男女を調査した『少子化社会対策白書』に拠れば、結婚した人は少なく、未婚率が男性71・８％、女性60・３％にも達していることが判明している。女性の第一子出産年齢が平均で30・３歳である。生物学の原則に照らせば高齢出産は子供がすくすくと育つ条件が狭められるという。

過去20年、日本経済は右肩下がり、男性は早朝出勤で深夜に帰宅し疲れ果てて、夫婦間の接合は一ヶ月に一回もない。家族関係は冷ややかであり、夫婦間に会話も少なく、子供は煩わしいと考えている。

日本の「結婚しない男女」は増え続けており、結婚しても子供がいない夫婦も急増、さらに日本の再婚率は26・８％に上った（香港の離婚率はとうに50％を超えているのだが）。出生率はやや回復基調にあり、フランスやロシア、米国の白人の比率よりは少しだけ多い。逆に中国では結婚したくても出来ない若い男性が増加しており、男女の人口比率は公式統計でも女性100に対して男性113、つまり3500万人の男性は生涯、配偶者には巡り合えない。少子高齢化社会は日本でも大問題だが、中国も規模からいっても難題中の難題である。一人っ子政策をやめても、中国の若い男女は子供を作りたがらないという顕著な社会現象をみていると、日本のことを心配するより、まず自国の惨状を見よ、と言いたくなる。

さわさりながら、ここでどうしても中国の人口爆発を考えざるを得ない。

石平は門田隆将との共著『世界が地獄を見る時』（ビジネス社）のなかで、中国人の危機意識に「生存空間」があることを指摘している。

つまり「民族が生存していく上で、ひとつの空間が必要である、それは国土、水、空気、海など全部含めての『生存空間』というものです。エリート達はいまの中国は生存空間の危機に陥っていると思っています。人口の膨張により、中国の伝統的な国土だけでは、いまの中国人民を養うのは物理的に不可能だと捉えている」（石平）からだ。

すでに北海道の農地やら水資源が広大に買収され、中国人200万人の移住計画が進んでいる（産経新聞、17年2月25日）。

北海道の移民計画促進政策も手伝って、すでに中国資本が買収した北海道の土地は7万ヘクタール。山手線内側の11倍という広大な面積になり、「北海道は10年後には中国の32番目の省になる」と中国人の呟きが聞こえるという。

北海道どころの問題ではなくマレーシアは広大な土地が中国人に買い占められた上、大規模なコミュニティ建設がなされたという。

こうなるとすでに手遅れだが、マレーシアに危機意識が拡がっている。

「南シナ海のマレー海域の岩礁を取られ、人工島をつくられたばかりか、こんどはマレーシアの土地まで大規模に買い占め。中国人の投資は歓迎しない」と不満が昂じている。

ジョホール・バルはシンガポールに隣接していることもあって、建設ラッシュ。殆どが中国人の投資である。この側に中国が投資するフォレストシティがある。「このままのペースで進んでしまうと、あと20年もしたら、マレーシアは中国領になってしまう」。

ナジブ首相の投資歓迎路線は間違っていると国会でも問題となった。

「中国人の投資は常軌を逸している。大学を作り、空港に投資し、発電所を建設し、インフラを整備し、鉄道も敷設している。あたかも20年後の自国領を目指しているかのごときではないか。海外からの直接投資は歓迎だが、国家的な戦略的資源を買収することは直接投資とは言えない。歓迎できない」（ザイド前法務大臣）

不動産投資への中国人の熱狂はすでに世界的であり、バンクーバー、シドニーで価格高騰、庶民が手を出せなくなって中国人投資家への不満が爆発しているが、そうしたレベルの話ではなく、国家の枢要なインフラ投資に直接手を出していることはマレーシアの経済ナショナリズムを刺戟してあまりある。

過去3年間で、マレーシアにおける不動産投資の、じつに46％が中国からの投資であることが分かった（アジアタイムズ、2017年5月6日）。

とりわけ懸念されているのは、中国企業が造成しているフォレストシティ建設で、すでに70万戸のマンションの概要が見えてきた。中国人による中国人のための新都市をマレーシアの国内に誕生させようとしているのだ。

「まさに中国からの移住を目論んでいる。工業団地や製造業の進出のための投資ではない。国の中に国をつくる投資であり、これを外国直接投資のカテゴリーに入れるべきではない」（マハティール元首相）

マレーシアの人口構成はマレー系に加えて、華僑が30％、インド系が10％という多民族国家だが、インド系はそうした移住計画の都市作りには着手していない。マレーシアにとって新しい脅威が、いま目の前に現れた。いずれ北海道も、こういう事態がやってきそうな気配である。しかしダーウィン流に言えば、これこそ適者生存なのだ。

ダーウィンはこう書いた。

「その国の境界が開放されていれば、新しい種類が移住してくるにちがいない。そして、このこともまた、従前の住者のあるものたちの関係を、ひどく擾乱するであろう」

まさにドイツもフランスも移民の急増によってナショナル・アイデンティティの危機を迎えた。

トランプ大統領はメキシコとの国境に壁を増強した。移民排斥の声が先住者からあがるのは自然の流れ、必然の流れではないか。

シリア難民が世界を揺らしている。

シリアからトルコ経由で地中海へ漕ぎ出したボロ船には、定員オーバーの難民が公海上で救助を求める。国際法にもとづき、近くの船は救助に向かわなければならず、そうやって助かった人々はギリシア領や、イタリアに帰属する島々にいったん収容される。

しかし悪質な密輸業者に騙されたり、航海中に嵐に遭遇して海の藻屑ときえた犠牲者の数も夥しい。数百万とも見積もられる難民がEU諸国の多くが加盟する「シェンゲン協定」の穴を狙って、西欧を目指し、最終的にはドイツへ這入り込もうとする。

このためメルケル政権は人気急落。ネオナチ、第四の政党「ドイツのための選択肢」が台頭し、国会議員選挙で、議席ゼロから95へ、いきなりの大躍進を果たしてドイツ社会はガタガタになった。

あたかもゲルマンの大移動、欧州政治が根底から揺らぎ、ドイツでフランスでオランダで、ナショナリズム運動が勃興し、英国はEUから脱出し、いずれEU解体、ユーロ崩壊という近未来が展望されるまでに暗いシナリオが提示された。

この難民問題、日本も例外ではない。

埼玉県蕨市。クルド族の難民集落ができて、ワラビスタンと言われているという。その数2000

人。いやはや、知らなかった。日本は何時の間に、このクルド族を難民認定したのか？

ミャンマーを追われたロヒンギャ。日本が期待して祭り上げたスーチー政権も、このロヒンギャ弾圧という人種差別政策には変わりがない。

スーチー政権をヒューマニズムに溢れると言ったのは誰だ？　このロヒンギャ族が、２３０人、すでに日本に上陸し、しかもこのうちの２００名が群馬県舘林市でコミュニティを形成しているという。この話も知らなかった。

嘗てベトナムから大量のボートピーポルが輩出し、日本も米国の圧力に根負けして、数千名を受け入れ、大村の収容所に保護した。このうち日本への定住を望んだのは少数で、大概はフランスへ出て行った。

「ボートピーポル」とは名ばかりで、殆どがベトナム華僑だった。フランス植民地時代に支配者に追従し、ベトナム人を弾圧してきた層であり、ベトナム人から恨まれていた。ベトナム戦争で米軍が負けたとき、米軍傀儡政権側の人々は、とうに米国へ亡命していた。

あまつさえボートピーポルを偽装した中国人が大量に紛れ込んだが、日本の当時の取り締まり側にはベトナム語と広東語の区別が出来なかった。

「結局、偽装難民の上陸者は、平成元年の五月から平成二年四月末までに23隻の船舶で、２８３０人にのぼった」（大家重夫『シリア難民とインドシナ難民』、青山社）

偽装の嘘がばれるのに手間取ったが、究極的には「強制送還」した。

日本は難民に冷たいという国際非難がある。

冗談だろうとおもいきや、国連でも批判され、80年代に米国難民大使だったダグラス氏と米国で会ったことがあるが、「日本は人道上、もっと難民を受け入れるべきだ」と非難めいた口調だったので反論した。

「日本は朝鮮半島から二百万。中国から百万の難民を受け入れてきました。合計３００万人の、いわゆる難民は日本各地にコミュニティを形成し、多くが日本社会に溶け込んでいます」

溶け込めないのは日本語を学ぼうとせず、単にカネ稼ぎにやってきて、当てが外れ犯罪行為に走る輩なのだと答えたことがある。

フリーセックスのスエーデンで、なぜか人口が増えない

世界１４２ヶ国を冒険して歩いた森田勇造はスポーツマンでもある。それでいて「歩け歩け」運動の先駆者としてスポーツ界でも知られるが、本当の顔は文化人類学者である。

なにしろ世界の辺疆へ、奥地へ、砂漠へと、民俗学の調査にでかけ、とりわけ少数民族の風習や子供たちが何で遊んでいるかを実地踏査して何冊もの本をものにされてきた。

彼の最新作は『日本人が気づかない心のＤＮＡ』（三和書籍）で、このなかに幾つかの重要な指摘がある。

日本人は母系社会であり、そのＤＮＡには道徳心が含まれるというのは比喩的表現としても、島国で自然を愛でる風習がある日本人には世界の他民族とは異なるＤＮＡがあるのは自明の理である。

「戦後の民主教育によって育った利己的な多くの日本人が、社会人として踏み外してはならない大義、道徳心を失って、無責任な事なかれ主義の風潮に染まり、いまでは貨幣経済の荒波に呑まれ、生き甲斐を感じられない。（中略）このような社会現象は、何も日本だけではなく、世界中で起こっていることで、いまや人類は科学的文明の虜になって、利己的で歓楽的、刹那的になっている」

このことが人間の繁殖活動にどういう影響を与えているのか。

躾、家庭教育の荒廃、そして共同体の共通の価値観喪失、そして生き甲斐が行方不明となった。となれば適者生存というダーウィンの法則も乱れ、子孫繁栄という人類の使命は顧みられないのも、必然的帰結である。

類人猿といわれるゴリラ、チンパンジーは、「集団生活」が特徴であり、群れから外れると生きてはいけず、また多くの場合、メスはボスの独占物である。

「ゴリラやチンパンジーのメスは、通常、一年から二年の間に特定な時期だけ繁殖を行い、排卵が起きると、匂いや行動、皮膚などの変化でオスに知らせます。オスは、それを合図にメスと交尾する」

求められたオスは急にホルモン分泌がふえ、「メスを独占するために闘争心が強くなる」し、メスの方も「競争に勝ち残った強いオスの遺伝子を残そうとします」。これは古代から不変の生物生存の原則である。

北欧のスエーデン。

フリーセックスの国と言われた。といっても乱交や不道徳を意味することではなく、あくまでスエーデンの場合も、「適者生存の法則」からだと森田勇造が続ける。

少子高齢化の典型、ゆえに社会保障が充実していると評価されるスエーデンで、なぜ高齢者の自殺が多いのか。生き甲斐を喪失しただけが原因なのか？　現地踏査を重要視する森田が現地で実際に探査してきた。

「スエーデンの女性は、好きな男性とならばセックスを積極的に求め」るが、誰とでもするわけではなく、ただし子供ができると、「人口増加を進める国が保障をしてくれる」システムがあって「日本のように私生児とか非摘出子などという社会的偏見がない」。というのも男性の生殖能力に問題があるため、こうした傾向がでてきたという。

なぜか。「スエーデンは一年の半分以上が暗くて寒い日が続きます。男は寒いときや驚いたときなどには睾丸の袋が縮まって、玉が体内の穴の中に入ってしまいます。年を取って腹筋が弱くなると、その穴から腸が出てくる」（中略）「精子を製造する睾丸の玉がその穴の中に入っているときは、精子の製造力が弱く」なり、寒い地帯の男性の繁殖力が弱く、なかなか人口が増えない。

したがって、社会保障が充実したスエーデンでフリーセックスが社会的にとがめられずとも、人口が増えないのは、女性の離婚率が高いからだ。老人は孤独と不安にさいなまれ、自殺するケースが増えるという矛盾した結果を生むのも、基底に道徳がないからではないのか。これは学問的に証明されているわけではないがと留保条件をつけながらも、現地報告をしている。同様な現象は、じつは日本でも起きている。

インカ文明が北側に残り南部のパタゴニアにはダイナミックな自然が

スエーデンと対照的な国のひとつが南米のチリである。

チリは南北に長い長い国である。

南北の距離はじつに4329キロ、東西の幅はといえば平均が175キロ程度だから、その国土のかたちは地球上のどの国よりも異形である。北のペルー、北西のボリビアと僅かに国境を接するが、大部分は間に横たわるアンデス山脈が風土と文化と国境をアルゼンチンとわける。

サンチャゴに入ると街がどんよりとした薄もやのなか、視界が開けず南米一高いという自慢のノッポビルも白々と霞んでいる。地上300メートル、95階建てで「グランタワー」と呼ばれる高層ビルだ。

縦横に走るハイウェイ、行き交う新車を見る限り、チリはひょっとして立派な先進国ではないか。調べてみるとGDP成長率は6％台もあり、一人あたりのGDPは1万3000ドルだ。

おりからの山火事の所為か街全体が煙っていた。この大火事は日本でもちょっと報道されたが、数ヶ月燃え続けた。カリフォルニアの山火事のように延々と燃え続けて火の勢いが風を生み、その風に乗って地をなめるようにさらに燃え広がる。すでに死者11名、被災者1200名。大災害である。焼失面積、じつに40万ヘクタール。周辺国ばかりか米国も消火ヘリをとばして鎮火作戦に協力した。日本政府も1月末にJICAを通じて消火剤を送った。広大な森林が灰燼に帰して木製品、チップの輸出産業に大打撃を与えた。

自然災害といえば、チリは地震国、日本にも何回かやって来たそのTSUNAMIの悪影響は、記憶に新しい。

最近ではチリの印象を問われるとアニータ、またフランスで日本人女子留学生が失踪した事件の元彼が逃げ帰って潜伏中の地、など芳しいものがない。17年7月には、この国の首都サンチャゴが大雪となったのが、珍しいニュースとして日本にも伝わったくらいだろう。

首都のサンチャゴに十数年住むという日本人女性ガイドは「アニータは何億円だかを馬鹿な日本人男性に貢がせ、それをウリにいまではテレビタレントです。日本の男はチョロイって、売春を誇りにしています。あんな女性がチリの女性の典型かと誤解されてはたまったものではありません」とこぼした。

チリ人は一般的に陽気で、人なつっこいとされるがカソリックの国で、売春婦を威張らせておくような国情はやはりどこかおかしい。

チリは人口1800万人で、その三分の一にあたる600万人がサンチャゴに集中している。在留邦人は僅か1800名なのにニッポンというホテルがあり、金太郎、将軍、そしてハポン（日本）という日本料亭もある。寿司バアは数えきれず、日本人気を窺わせるように、日本との交易史は意外に古い。下町を歩いても、中華料理、韓国焼き肉レストランを見つけきれなかった。そういえば中国人観光客にもひとりとして出会わなかった。

さてチリといえばチリワイン。フランスなどヨーロッパの名産地をしのぐ味、としてチリ産のワインをよく飲んでいる筆者だからチリは農業国、良質の葡萄栽培、そして銅鉱山の国というくらいは知っている。個人的にはもう一つ、アジェンデ政権の時の苦い想い出がある。

1970年、チリに投票によって合法的な左翼政権が誕生するという「保革逆転」がおこった。当時、日本でも共産党の躍進があったため選挙で全体主義政党が政権を握る恐怖のシナリオがチリで現実のものとなったことに不安を感じた。そこで企画を担当していた出版社から『保革逆転』という本を出し、チリを訪問した直後の曽野綾子のルポを載せた。

CIAが背後で使嗾したというクーデターの可能性に怯えたサルバドール・アジェンデ大統領は、こともあろうに大統領府に武器弾薬、機関銃をひそかに貯蔵し、武装蜂起、共産党一党独裁を狙っていた。抜け道、隠れ道、密室が造られ、大統領宮殿はまるで軍事要塞の趣があった。

アジェンデはもともと医者出身で、富裕層の企業独占より国有化が望ましいと社会主義計画政策を強行した。愛用の拳銃はカストロから贈られたものだった。3年後、この銃で彼は自殺する。

国家的危機を察知したアウガスト・ピノチェット将軍が軍事クーデターを起こし、この要塞化した大統領府を空爆した。共産化は防がれたが、鉱山などが片っ端から国有化されて社会は活気を失い、経済は沈殿していった。

アジェンデ政権の崩壊は西側を喜ばせた。サッチャーはピノチェットを称えて止まなかった。政権掌握後、ピノチェットが選択したのが「シカゴ・ボーイズ」だった。すなわち新自由主義経済を標榜するミルトン・フリードマン政策の採用だ。自由競争の原則が再導入され、経済は蘇生し、「チリの奇跡」と呼ばれた。

ところが、ところが。いまのチリではアジェンデの銅像が聳え立ち、大統領宮殿前の公園にふんぞり返るように周囲を睥睨している。

ピノチェットの銅像はない。評価があべこべに逆転している。これは驚きだった。これがチリ国民の反応である。ピノチェット将軍はどえらく人気がないのだ。最大の原因は西側のジャーナリズムにある。最初はピノチェットを持ち上げながら、独裁的になると一転して猛烈な批判に転じた。いまならアウンサン・スーチーへの評価逆転に似ている。

さてサンチャゴ市内、新市街は摩天楼が林立する近代的な大都会であり、地下鉄も縦横に走る。

地下鉄のチケットは独特で朝のラッシュアワーと平日、夜間の三色にわかれ、料金が異なる方式をとる。シェスタの風習があって午後一時から五時までは閉店となる商店が多い。やはり南国に来たなあという感じである。

南米のどの国もそうであるように常にインフレに悩むため米ドルが通用し、現地通貨の交換レートが旅行者からみれば悪い。公式レートは一ドル＝６８０ペソくらいだが、レストランは勝手に一ドル＝５００ペソと、ドルで支払うと割高なシステムを採用している。チリに長逗留するなら断然両替して臨むのがよさそうだ。

クレジットカードはかなり使えるものの暗証番号とともにパスポート番号まで打ち込まなければならず、個人情報のスキミングを恐れて私は一度も使わなかった。

旧市街は舗装された道の多くが歩行者天国で、起点はモネダ宮殿である。もともとは造幣局だった建物を大統領府にしたもので、前庭で毎朝、音楽隊つきで衛兵の交替式を行っている。長い長い交替式は格好の観光ポイントになっていて、広い前庭に結構な人々が集まっている。殆どが外国人観光客だ。それを見たあと、証券取引所を見学した。建物の外見、兜町の旧東京証券取引所を彷彿させる。

都心では官庁街とオフィス街が渾然としており、この一角を抜けると繁華街の長い長いショッピングストリートが続く。

途中、サンチャゴ大聖堂の偉容、中に自由に入ることができ、ミサも撮影が許可された。カソリック独特の宗教展示物、絵画、マリア像などを見た後で大聖堂の外に出ると金ぴかの消防夫の立像。不審に思って近寄ると、突然動いた。パントマイムのおっさんだった。このようなユーモアが日常生活に溶け込んでいるようだ。

チリの南部は自然景観の宝庫、パタゴニア地方でフィヨルドが山や谷を蔽い、南極へ近くなればなるほどに寒冷地となるが、サンチャゴとて東の山側へ登れば名だたるスキー場がたくさんある。

市民の胃袋を満たす中央市場にも行ってみた。魚市場にならぶ魚介類は大ぶりなものが多く、日本人とわかると「ウニ、ウニ、安いよ」と大声を掛けられた。

チリは日本人が大好きなウニの名産地でもある。鮭なども大き目だ。チリ産の鮭は日本のスーパーでも特売の目玉商品としてお馴染み。安価で身はソフトだ。

魚市場に隣接した、ちょっと洒落たレストランで昼飯をとった。どの店もショーウインドウには大皿に山盛りの料理が並んでいて、一瞥しただけで満腹感を覚える。

新鮮で美味だが、やっぱり量が多くて小食の筆者はもてあましたが、サラダも新鮮。添えられたポテトフライも美味かった。ただし「二、三人前？」と思うほどの量で、こうしたフライドポテトのようなものを多食するせいか、街中に脂肪過多の老若男女を多く見かけた。燃やすのは山ではなく、体脂肪にすべきだなどとつぶやきながら街を歩いた。

健忘症と楽天主義、人生ケセラセラ、だから日本人より人生が楽しいのだ。

イースターのモアイ像の謎

このチリに所属する絶海の孤島イースター島へ足を延ばした。

イースター島と言えば謎の巨石像「モアイ」がそこいら中に転がっている島である。

2017年3月に古代エジプトのファラオ（神権皇帝）像が二対、カイロ首都圏の住宅地で発掘された。場所はカイロ北東部のマタリア地区で、この一帯は嘗て古代エジプト王朝の首都ヘリオポリスとされる。いまでは荒廃した住宅が並ぶ荒れ地で、発掘されたファラオ像は古代エジプトの第19王朝（紀元前1314〜1200年）に在位したふたりの王を模しているとされる。そのうち一つは高さ8メートル。硬い珪岩《けいがん》で作られている。

これはイースター島のモアイと同じで、高さも同様だ。新発見のファラオはラムセス2世の神殿の入り口での発見だったため、ラムセス王の像と想定される。ロンドンの大英博物館にも入り口には大きなモアイ像が建っている。

昼前にイースター島の飛行場に着いた。

驚くべし、日本の田舎の空港、たとえば米子鬼太郎空港程度の規模で、荷物は手作業で運ぶからやけに時間がかかる。入国手続きはチリ国内扱いだから不要だが、荷物検査はかなり厳重である。出たところで花束を首にかけられた。この歓迎風景はハワイと同様、島の花々を編んだものでポリネシア特有の強烈な匂いがある。それにしても粗末な建物であり、迎えにでている小型バスも、タクシーも中古車ばかり、現地人の笑顔に吸い寄せられるうちにバスは出発した。

島の中心は空港から僅か1キロのハンガロア村だ。役場、学校、郵便局、銀行、そして特有のダンスを踊る劇場がある。村の真ん中を陣取るのはカソリック教会で、ミサは満員となって島の社交場で

帽子をかぶった珍しいモアイ像

もある。この教会の場所、標高が30メートル、道路のあちこちには「ＴＳＵＮＡＭＩ」という道路標識があって避難場所を明示している。

そうだ。イースター島は津波の通り道でもあるのだ。

巨石像が島のあちこちに建っていて、その神秘的な姿と、いったいモアイの意味は何かというミステリーを解明しようと世界中から観光客が押し寄せる。

イースター島はチリ本土から西へ３７００キロも離れており、絶海の孤島である。したがって地政学的にチリに所属するのは、大航海時代に英国がチリをそそのかしたからで、その文化はインカ系のチリとは隔絶している。むしろ文明的にはポリネシアだ。

そもそもイースター島という命名はカソリッ

クの復活祭を意味するものだし、スペイン語では「イス・ラ・デ・パスクワ」だ。ところが、現地人は「ラバ・ヌイ」（大きな島）と呼ぶ。外来の島名は認めない。

ということは公用語はスペイン語だが、現地人が喋る言葉がある。ポリネシアに共通の「オーストロネシア言語系」で、もっと言えば「ポリネシア」とは太平洋のハワイ北西部からニュージーランド、そしてイースターを結ぶ三角形。このなかにはタヒチも入る。

ヤップ島は巨石本位制といって大きな石が通貨替わりだった。イースター島では古来から巨石信仰があった。

したがって人口僅か7000人とはいえ、島民の意識には「自分たちは何者なのか」とアイデンティティの希求があり、同時にチリに帰属する理由はないとしてナショナリズムが強まっている。具体的にはチリの資本を排斥する動きがでてきている。

独自な行政で典型的なのはモアイより高い建物を空港の管制塔以外認めない。このためホテルでも二階建てしかない。

島民とチリ本土との心理的対立は台湾の本省人vs外省人の軋轢、その歴史的な確執に似ている。同時に矛盾するがチリへ予算要求増額などのたかり根性は沖縄の政治と似ている。

大袈裟に言えば、モアイの謎を解明し、イースター島の歴史を遡及しようと、埋もれていた歴史をモアイ復権にもとめるのが「国学」の復興である。

まずはモアイ像を現場に見た。

この島の面積は163・6平方キロ。ちょうど小豆島程度しかない。文明から疎外されたかのように舗装道路は少なく、もちろん信号もない。島のあちこちに点在するモアイを見学するには四輪駆動車か、小型バスでいくしかなく、凸凹道は胃袋がひっくり返るほど揺れる。

モアイは立像が45体で、残りの八百余体は倒され、俯せのままか、土に顔まで埋まっている。旅行雑誌のグラビアやテレビ番組で紹介される15体のモアイが並ぶ観光の目玉は「アフ・トンガリキ」と呼ばれる。

これは島の東北部にあって、日の出を見に毎朝数百の観光客が集まる。太陽のまばゆい光線がモアイを後から照らすと神秘的な情景となる。これは日本企業がクレーンを持ち込んで立て直した慈善事業の結果、大事な観光資源となったのである。

爾来、文明から遠く孤立したはずのイースター島に大型ジェット機が離着陸して世界各地から夥しい観光客を運ぶのも、米国の恩恵による。というのもNASAの宇宙計画があった時代、米国はイースター島を宇宙船の着陸候補地点の一つと考え、レーダー基地を設置した。そのうえで空港を整備したが、大きな荷物の陸揚げが難しく、燃料タンクは海中にパイプラインを敷設し、空中空輸機の逆転発想で海中の固定バルブに、沖合のタンカーから油送するという方法をとる。島の電気を支える火力発電所も、この海中油送管でかろうじて発電しており、ほかに風力発電でまかなっている。

モアイ像の意味は信仰と慰霊のための祭壇である。

モアイ像が立つ土台が墓地で、巨石を先祖の顔に似せておくのは神殿である。この古代宗教がスペインの侵略統治をうける17世紀まで続いたのである。

現地の部族にとってモアイの設置場所は聖地である。多くのモアイは三頭身で、どれも独特な風貌をしているが、女性のモアイは一体しかない。その眼に霊力を兼ね備えたパワーが籠もっていると信じられ、先祖崇拝の宗教儀式を執り行った。

こうした儀式はポリネシア海域に共通で、サモア、ツバルなど多くの島々は言語体系が近似するうえ、人種的起源はマレーシアか台湾原住民といわれる。台湾も、鄭成功以前の原住民は盛んに海に進出した。蒋介石率いた中国人が多く入植するに及んで台湾は近代国家に衣替えした。

さてモアイの原材料は石材であり、これを山から切り出し、最大21メートル、20トンから90トンはある巨石を彫刻した。

しかし海岸部へどうやって運んだのか、歴史上のミステリーとなっている。石切場は「ラノララク」と呼ばれ、擬灰岩に彫刻したものの途中に放り出したものから正座するモアイ、なかでも人気者は「ピロピロ」と呼ばれるユーモラスなモアイである。

飛鳥の石舞台、秋田のストーンサークル……

日本でも飛鳥の石舞台、秋田県にストーンサークルがあるように、近年の研究では石切場で彫刻をほぼ完成させ、建てる場所にあらかじめ溝を掘っておいて、そこへトロッコ方式で巨石を転がしながら嵌め込んだという説が有力である。

同様な巨石神殿は地中海のマルタ島にあるのが世界的に有名だろう。ただしマルタにはモアイ像はない。

謎が多いだけに、人々の夢を、想像力を掻きたてる。

たとえば阿久悠作詞の「ＵＦＯ」は、このイースター島で着想を得た。またテレビ番組「世界ふしぎ発見！」が何回もロケに来たという。

モアイ像信仰は7世紀から18世紀まで続いたが、スペインの侵略前に、部族間の闘争で破壊されてしまった。人口が増え、食料の争奪戦が起きたからだ。島のなかに十一から十二の部族が分散していたため対立を激化させ、お互いのモアイを引き倒す戦争を始めた。

この「モアイ倒し戦争」は17世紀前半の出来事、聖地を破壊して島の主導権を争った。1万人もいた島民は激減した。

部族同士が敵対し、敵の祭壇を破壊し合った理由は、それによって相手のパワーが失われるという信仰にもとづいた。

このように部族間で破壊し合った後、「鳥人信仰」というトライアスロンの原型のような激越な競技が競われ、勝ち組が一年間の酋長を決めたという、やや民主的な時期もあった。

沖合の無人島まで泳ぎ、鳥の卵を壊さないでもって帰る競技はユーモラスで平和的でもある。しかし長続きしなかった。

スペインが侵略し、島民をカソリックに改宗させ、多くの島民は奴隷としてペルーへ連行された。最悪時、島民は110人しかいなかった。

かくしてモアイ信仰は潰えた。

大航海時代の末期に英国がスペインの権益を奪うためチリに領有をけしかけ、以後、イースター島はチリ領土になる。だからサンチャゴからしか飛行機は乗り入れていない。

島のあちこちに生い茂る椰子はタヒチから輸入して育てた。

ここで筆者ははたと考えたのだ。

こうした歴史的経緯を踏まえるとイースター島の現地人はチリへの帰属意識は薄弱であろう、むしろチリ人に対してなにがしかのルサンチマンを抱いているのではないか、と。

「土地は現地人しか購えず、しかも所有する牛と馬の数で土地が払い下げられますので、何もしない馬、食用には使わない牛が放牧されています。土地が取得できれば粗末な家を建て、それを他人に貸す。なかには家賃収入でサンチャゴに住居を購入した人もいます」と説明してくれたのは現地に20年間暮らし、ガイドをしている最上義男だ。

だから筆者はすぐに想像できた。

きっとイースター島では独自の文化を再建しようとする国学的な運動が起きているのではないかということだった。

しかし島の経済を養っているのは、観光客である。

海岸に派手に店開きするのはダイバー、サーファーへの貸しだしと海鮮レストラン、土産屋ばかり。海岸通りの屋台村を観光客がそぞろ歩きしているが、貝細工の工芸品くらいしか土産はない。一番高いのが高級材で彫ったモアイの模型で高級品でも２００ドルくらいだ。

滞在中、何軒かレストランに入ったが、味にそれほどの工夫はなく、おざなりの料理、なかに一軒寿司バアがあって西洋人が「美味い」と食べている光景に出くわしたときは驚いた。

現地語の新聞もなければ、スペイン語の放送しかテレビ番組はない。かつて存在したイースター島の古代文字を解読できるのは誰もいなくなった。ホテルのロビィではＷｉ－Ｆｉが繋がり、スマホ、パソコンがあれば日本のニュースも得られるが、現地人の主張は、いったいどうやって確保されているのか。

この疑問はすぐに解けた。

チリ本土からの資本で経営されるホテルが一軒あるのだが、その前に「海賊」「出て行け」のプラカードが並んで抗議の小屋が建っていた。

かくして究極的な問題は「２０４５年にＡＩが人間を超える」（これが「シンギュラリティ」問題だ）と予想されることだ。『猿の惑星』という架空の娯楽映画が、リアルな世界となる懼れがある。つまりホモ・サピエンスが機械に司令されるシナリオの存在である。

以上のような問題意識はイースター島では殆ど通用せず、島民は楽天的で独特の踊り、それもダイナミックなミクロネシア特有のダンスに興じていた。

マルタの巨石神殿と飛鳥の石舞台

「象のおしり」と呼ばれるミステリアスな巨石群が米国ミズーリ州の州都セントルイスの南方オザーク台地に拡がるエレファントロックス州立公園のなかにある。

花崗岩で高さ8メートル、長さ10メートル、幅5メートルの岩が最大とされ、岩の上にのぼることが可能だ。これらはおよそ15億年も前に堆積されてきたマグマが、雨と風によって長い時間のあいだに浸蝕され、象のかたちとなった。

地質学には、その由来が確認されているが、我が国にも不思議な巨石群や石の集積地がある。

しかしマルタとかイースター島とか、日本からは遙かに遠い地球の果てであり、おそらく行くことのない日本人にしても、比較的多くの日本人が見たのは英仏両国にある巨石群だろう。世界遺産になっている箇所も多い。英国はロンドンから西へ200キロ、ソールズベリの郊外に拡がるのがストーンヘンジ。またフランスのブルゴーニュ地方にあるカルナックの列石群、あるいはモンゴルにも列石群がある。

日本にも磐座《いわくら》があって信仰の対象。多くが社で蔽われているが、奈良の大神神社境内や、宗像神社などでは自然のまま置かれている。

ヘンリー・スコット・ストークス（元フィナンシャル・タイムズ東京支局長）は磐座を、「自然のなかに溶け込んで、違和感はない。異様には感じない」と言う。対照的に「誰もが不思議な思いを抱

マルタの巨石神殿

かずにはいられない」のが英国にあるストーンヘンジだという。

これは「高さ三メートルほどの石が、直径30メートルほどの円形に造られている。石の大きなものは重さは50トン、中世には魔女がつくったものだとか、アーサー王物語の中の巨人が運んできたなどといわれた。現在は神殿であるとか、天文観測所であるとか、説明されている」

飛鳥の石舞台や亀石はいまでは外国人観光客が訪れる夥しいスポットとなったけれども、由来は依然として謎である。

秋田県大湯にあるストーン・サークルも大館能代空港へのアクセス道路建設中に発見されたのだった。

筆者も見に行った。近年は教科書に写真が掲載されるほどで、特別史跡に指定された。やはりその由来は歴史の謎である。

「三内丸山遺跡で縄文の文明と文化を考えた」

吉野ヶ里遺跡には数年以上前に行ったが、率直にいって感動が薄かった。弥生式のおおきな集落で共同墓地もあり、高床式の建物、堀、物見櫓もある。稲作文化、太陽信仰の弥生式遺跡の典型であるものの、あまり精神性を感じない。

外敵の侵入を防ぐために二重の壕をしつらえ、防止柵、物見櫓に武器庫。発見された人骨には刀傷、首のない遺骨もでてきて、戦闘が行われていたことを証明している。

吉野ヶ里は佐賀県が工業団地を建設しようとした1980年代に発見され、発掘がすすみ、特別史跡と認定された。そうだ。弥生式は稲作であり、外国との交流もあり、したがって部外者との戦闘が随伴したのだ。

懸案だったのは三内丸山遺跡である。

いつか機会があれば訪ねたいと思っていた。江戸時代から遺跡が埋もれていることは分かっていたらしいが、工業団地建設予定地を掘っていたら、巨大な遺跡群がでてきた。縄文文明の象徴でもあり、しかも縄文遺跡は北海道と東北に集中している。

私たちの世代が小・中学校でならった歴史教科書では、日本最古のものは弥生式の登呂遺跡とされていた。吉野ヶ里も三内丸山も発見されておらず、登呂遺跡が西暦1世紀頃。農村、高床式倉庫、水田跡、そして竪穴式住居。したがって私が登呂遺跡を見学したのは高校生のとき、ひとりで日本をほっつき歩いていた折だった。なぜか、興奮して見学した記憶がある。

縄文時代の象徴的な遺跡として三内丸山が特別史跡に認定されたのは近年である。青森県と秋田、岩手には十数の縄文遺跡がある。青森ではほかに亀ヶ岡遺跡と是川遺跡を見た。岩手県では御所野遺跡。ほかにもたくさんあるが、いずれも遠方、奥地、辺彊にあるので、一度には回れない。

縄文の遺跡からでてきた人骨には刀傷もなければ、身体障害者が成人したものがあり、当時の縄文文明は介護が行われ弱者切り捨てではなかったことが偲ばれる。縄文の時代は紀元前1万年から紀元後1世紀と言われるが、三内丸山は紀元前6世紀から4世紀に栄えた集落で、およそ一千年に亘って平和だったと推定されている。

稲作文化ではないが、栗、クルミ、トチの実を食べており、ひょうたんの栽培もしていた。野ウサギやムササビ、鯨、ぶり、ふぐ、サバを食べていた。それらを狩猟するための道具が黒曜石の槍などだ。

発掘された副葬品や器具。鹿の角でつくった工具、鯨の毛を応用した釣り針、翡翠の大珠。縄文人は火を使うことを知っており、ドングリは煮て食べたらしい。土瓶、土器、壺、そして容器、袋が出土した。紀元前4500年頃には縄文のポシェットが編まれており、後期には漆の技術もあったことが分かっている。32メートルの竪穴式集合住宅が復元されており、なかにはいるとかなり広いのには驚かされた。

なかでも圧倒的なのは土偶である。「大型板状土偶」が三内丸山から出土したが、なぜか、ギリシアヤキプロスの博物館でみた土偶と共通性があるとおもった。

亀ヶ岡石器時代遺跡（これは海に近く、三内丸山より古い）の展示室でみたのは「遮光器土偶」で、大きな目玉が飛び出している奇妙なかたちだが、おそらく太陽光を遮る眼鏡だろうと推定されている。太陽信仰の宗教儀式に使われたのか、学説には様々な解釈があり、考古学に興味の薄い小生には、それ以上のことは分からない。

しかし、目玉がもっと飛び出した青銅器の人形を私は中国四川省の三星堆遺跡でみている。中国各地を旅行していた頃、三十三省の全てを十数回に分けて旅したが、遺跡でいえば、河姆渡、三星堆などにも足を延ばしている。

黄河文明よりも、揚子江文明が古いことは考古学的にもわかっているが、中国の政治主導の歴史観では「黄河文明四千年」ということになっており、それより古い文明は明らかに漢族のものではないから、あまり宣伝をしない。だから訪れる人がすくない。

河姆渡遺跡へ行くには大変だった。長距離バスを乗り継ぎ、タクシーをチャーターし、さらに河岸から艀に乗って、ようやくついた遺跡群の跡は、なにやら人工的で、建物はレプリカだが、考証のあとが杜撰である。

四川省広漢市にある三星堆遺跡に到っては、記念館だけがジオラマ在り映写室在り、蝋人形の展示在りで近代的施設だが、嗚呼、これじゃ改竄した南京大虐殺記念館のように、真実の臭いから遠いと思った。だが、中国遺跡との比較論は別の機会に譲る。

環状巨石の群れは、いったいどんな文明があったのか。

じつは縄文遺跡のなかでも、いちばん興味があったのは「大湯環状列石」、いわゆるストーンサークルだった。

英国のストーンヘンジ、マルタの巨石神殿ほか世界各地の巨石神殿と、共通性がある。太陽信仰で石の並べ方に科学があり、日時計にもなり、そして巨石の配列は、その下が墓場でもあった。これはイースター島のモアイ像とも、発想とその精神文化に共通性がある。モアイ像は墓標である。

秋田県鹿角市にある大湯環状列石に行くのも、ちょっと大変である。車の運転が出来ない筆者は近くの駅からタクシーとか、徒歩、あるいはレンタサイクルとなるが、なにしろ、この遺跡も森で囲まれており、付近には熊が出没するので県道を車で走行し、車窓から撮影するしかないという。

遺跡は宏大であり、中央の広場に記念館がある。この付近だけは熊がでないらしい。


これが大湯ストーンサークル館（秋田県鹿角市十和田大湯字万座）だ。30キロ前後もある重い石が７２００個。これを二里近く離れた安久谷川から、それも緑色の石だけを選び、クレーンもない、重機もないブルドーザもない時代に人力で運搬し、環状に並べたのだ。それが凡そ４０００年前と推測されるので、縄文文明に属する。イースター島でみたモアイも、採石場から、人の力でえっちらほっちら海岸へ運んだ。

縄文人は何を思い、どのような形式で信仰を深め、いかなる祭りを行ったのだろうか。人々は何を祈ったのか。

火の祭り、巫女がいて、宗教儀式の神秘があり、文化の深奥が展開されていたに違いない。遺跡から発掘された夥しい土偶、土器、飾り物、壺、木製や石の農耕具、矢、石斧、これらのひとつひとつが手製であり、縄文人が丹誠込めて、そして祈りを込めてつくったのだ。

「邪馬台国」も「卑弥呼」もシナの捏造

田中英道（東北大学名誉教授）の書いた『高天原は関東にあった』（勉誠出版）による、高天原が関東にあり、邪馬台国は実在しないという極めて挑戦的な、革命的な主張だから、既存の歴史学界や大学教授らは間違いなく無視するだろう。ちょうど米国の歴史学界が、真実を言う学者、ジャーナリストを「歴史修正主義」と言って排斥するように。

冒頭に田中は縄文土器の解釈をする。

土器、土偶、とりわけ縄文の意味を広く諸外国の類似土器、土偶を美術史的な観点から比較考察すると、土偶の造型の多くがデフォルメされ、水蛭子がモデルになっていることに着目していう。

「先史時代のヴィーナス」のようであっても、日本の長野県棚畑遺跡からでた「縄文のヴィーナスがもっとも美しい」（中略）「写実性から離れ、抽象性、芸術性をもっている」とする。

さきほども述べたように青森の三内丸山遺跡には黒曜石が発見されている。近くの秋田県の山奥にある大湯ストーンサークルは、世界の果てにも類似があり、また巨石神殿は英国のストーンヘンジ、マルタの巨石神殿を連想させるが、日本の縄文時代は一万六千年以上前から存在していた。中国大陸や朝鮮半島とは無縁の独自の文化を形成していた。

高天原が関東にあったとする理由は鹿島、香取神宮の存在と日高見国の位置の考証に移り、鹿島から鹿児島への船の移動を推論する。「鹿島立ち」が古来より意味したのは関東からの防人が九州の防衛に行くことだった。鹿島、香取神宮の付近には日高見という地名が多い。

田中英道はこう言う。

「ニニギノミコトは、鹿島から立って九州の鹿児島に船団で向かって到着し、『天下った』ことを意味し、『天孫降臨』の随伴する七柱の神とは、天児屋根命、天鳥船神、天津日高日子などで、まさに東国三社の神々であり、『日高見国』の人々がニニギノミコトを守り、従う随神たちであったことを示している」

筆者は考古学にも古代史にも疎いが、神話の故郷、高千穂には三回でかけている。

高千穂で「天の岩戸」なる場所を遠望し、高千穂神社での恒例の神楽見学のあと、土産屋に寄ると、「天孫降臨」という焼酎を売っていた。名前が気に入ったので思わず買ってしまった。

高千穂から延岡へ山稜をたどるとニニギノミコトが降り立ったと言い伝えのある山がある。じつはこの山稜のなかに可愛岳がある。ご記憶だろう、この峻険な山を越えて、西南戦争に敗れた西郷隆盛軍が薩摩への帰還の旅にでたことを。官軍はニニギノミコトの神話を思い出して、可愛岳を登攀した西郷軍を深追いしなかった。

田中は「魏志の倭人伝は倭国のことを具体的に描いたものではなく、若干の同一性を除くと、すべてフィクションであり、検討に値しない」と決定的な、コペルニクス的なことを言う。

そう、魏志の倭人伝など、ずばり検討すること自体が徒労なのである。卑弥呼は倭国のひとつの邪馬台国の巫女に過ぎない。「つまり天皇のように倭国すべてを統一した上の、『権威的存在』ではない」(田中前掲書)のである。

したがってどちらも実在しなかった。戦後歴史学は、邪馬台国の場所はどこかという論争、卑弥呼は誰か、女王はどの地区を統治していたのかと百花繚乱、侃々諤々、牽強付会の議論に明け暮れた。

そもそも日本の歴史書に登場しない架空の国と女王。中国の三国志の附録にあたる魏志の倭人伝が言い出しているだけ。この一点をみても、奇怪である。思い出されたい。中国にとって歴史はプロパガンダであり、韓国のそれはフィクションであることを。

魏志の倭人伝は風説、伝聞を纏めて仕上げた怪しい歴史書であり、そこにはシナの政治的打算、思惑が秘められている筈である。「倭人」という差別的軽蔑語、「卑弥呼」などとおおよそ女王に似合わない命名ぶりからも作者の政治的意図が推定できるのではないか。

すなわち邪馬台国なるものは、あたかも南京大虐殺などというプロパガンダをまともに追求して、いや実際の犠牲は二万名だったとか、数千ではなかったかという不毛の反論に陥る。相手の陥穽にみごとに嵌っているのではないか。最初から偽書だと断定すれば、邪馬台国がどこにあったか等という議論はうまれまい。

「邪馬台国とか卑弥呼とかいう蔑称がいつの間にか歴史用語になり、教科書にまで載せられるようになったこと自体が、日本の歴史のレベルの低さを示している」とする田中は日本中どこを捜しても「卑弥呼神社」がないという冷厳なる現実から論を進める。

ＡＩの時代、まさに技術的進歩が遂げられても、古代史の謎は永遠に解明されないだろう。

第三章　ツイッター政治という新現象

ＡＩで小説を書き、絵画を描けるのか？

介護ロボや案内ロボはいまや普遍的だが、米国では「ピザ製造ロボット」がすでにカリフォルニア州で普遍的になっている。

ズームピザ（Zume Pizza）チェーンでは電話で注文を承けて20分でピザを作り上げる。現在カリフォルニア州の山側だけで、主としてテイクアウト用に分業されているが、２０１８年中にはカリフォルニア州の海側にも普及すると予測されている。

究極的にはアマゾンでできたてピザのデリバリーができるかどうかに、ビジネスの成功がかかっているともいう。

こういう話は可愛いレベルで、産業分野によっては、知の荒廃を予測する出来事が次々と起こっている。

「ＡＩ小説」なる、妖しげな作品、それを支援するＡＩソフトがでてきた。

産経新聞（２０１７年３月９日）によれば、ソフトバンク系列のＡＩ開発会社が「ＡＩで作品を添削」し、受賞作の特徴や傾向を分析し、「相性が良い」文学賞を勧めるという。

とくに「ＡＩに各文学賞の受賞作品を読み込ませ、文章の長さや会話文の割合、審査の性格など文学賞ごとの審査傾向を分析する」というから基本的に将棋のパターン認識と似ている。すでに「ＡＩ小説」は名古屋大学のグループが試作品をつくり、星新一賞の第一次審査をパスした。もし、そうなったら村上春樹は失業だな。

かくして人間の英知が無用となるような「知の荒廃」ぶりは人間がＡＩに依存してばかりでは頭脳が劣化し、情報の真偽を確かめる能力を喪失してしまう状態も表している。

ＡＩで新聞記事を書かれたりテレビにスクープだと言って本物らしいニュースが持ち込まれたりしたらどうなるのか？

アップルのＣＥＯティム・クックは言う。

「偽ニュースを拡散しない機能を創造しなければならない。われわれは人々のこころを殺す道具をつくるべきではないという道義的責任がある」（ＴＩＭＥ、17年3月6日号）

もう一つの危機は情報の漏洩である。

ウィキリークスがＣＩＡ機密文書９０００件を暴露したが、これによって米国の情報（インテリジエンス）組織は存立理由を問われる深刻な事態に陥った。

トランプ大統領はＣＩＡとＦＢＩに華々しく喧嘩を売って、さらにはオバマ前政権下で行われたインテリジェンス活動ではトランプの選挙本部の会話も盗聴していたと攻撃した。もとより9・11テロ事件発生以後、ＣＩＡとＦＢＩは国家安全保障局（ＮＳＡ）のもとに協力関係にあると制度上、改編されたものの、ＣＩＡとＦＢＩの仲は悪く、さらにＣＩＡはＮＳＡともささくれだった関係である。

この状況に新しい爆弾が炸裂した。

ウィキリークスは２０１３年から２０１６年にかけてＣＩＡが秘密裏に収集したとされる海外情報、とくに米国の同盟国であるＥＵ諸国の動きを分析したＣＩＡ文書およそ９０００件を暴露した。これらはドイツのフランクフルトにある米国領事館が集約し、ＣＩＡの契約会社がまとめていた情報である。これらは諸外国のスマホ、電話、コンピュータ並びにテレビに装填された録画装置や録音装置などから密かに集めていたデータで、７８１８件（ニューヨークタイムズ）、６７６１件（ワシントンタイムズ）と数は異なるが、いずれも「ＣＬＡＳＳＩＦＩＥＤ」（機密）に分類された情報だった。

嘗てオバマ前大統領はＣＩＡが独メルケル首相の電話を傍聴した事実を暴露されたときに謝罪した経緯もあった。

ＣＩＡ職員だったスノーデンが、香港で英誌に機密をばらして以来、機密漏洩に揺さぶられ続けるＣＩＡ、あるいは米国のインテリジェンス世界そのものが、これでは機能不全に陥ってしまう恐れもある。

携帯電話がスマホとなり、その技術的進歩は加速度的であり、情報社会はどこまで突き進むのか不安が拡がる一方で、情報が防衛できず、敵性国家にいとも簡単に機密がわたるなど、技術のアキレス腱が露呈した。

世界的な問題であり「サイバー災禍」とも言われる。文明の道具が情報社会を脅かすというアイロニーが露呈した。

「ニューヨークタイムズは『偽（フェイク）ニュース』だ。CNNは『超嘘ニュース』だ」と主要メディアを敵視し、舌鋒鋭く攻撃して止まないトランプ大統領だが、ニューヨークタイムズは嘘を平然とぺろりと舌をだしながら書く嫌な性癖がある。

中国共産党のプロパガンダ新聞と変わらない紙面をときどき見かけるが、とくに戦争中の日本軍に関しては出鱈目な与太記事が多かったことは歴史家によって証明されている。高山正之によれば、日清戦争のおり、シナ兵相手の旅順要塞攻防戦で、日本軍は一日で陥落させた。十年後の日露戦争ではロシア軍が頑丈な軍事要塞に作りかえたので、陥落までに4ヶ月を要した。こんにち旅順にロシア要塞跡が残るが、ぼろぼろで崩れかけている。

筆者はこのロシアが構築した旅順のベトン基地を見学したときに、なぜか1954年のディエンビエンフー陥落（フランス軍の要塞をベトミンが陥落させ、フランスは降伏）の類似性を連想した。

地下にトンネルをほって要塞の真下に爆弾を仕掛けるという戦術は、ベトナムに残留した日本兵が教えた戦術ではなかったのか。後にベトナム特派員経験者で『朝日ジャーナル』の副編集長だった井川一久に、この件を問い合わせたが、日本の残留兵の作戦ではない、との回答があった。

それはともかく日清戦争の旅順要塞陥落時、シナ兵は軍服を脱ぎ捨て市井に逃げ込んだ。「日本軍は一戸ずつあらためて抵抗する残敵を掃討し、降伏したシナ兵355人を捕虜にした」。ところが現場にもいなかったニューヨークワールドの記者は「日本軍は旅順市街に入ると冷酷に殆どの市民を虐殺した。無防備で非武装の住人達は自分の家で殺され、死体は言い表す言葉もないくらいに切り刻まれていた」と捏造記事を書いた。

南京ではシナ兵は最新の武器で武装していたが、惨敗を喫し、潰走した。日本軍が南京に入城したとき「城内はもぬけの殻だった」のだ。南京市民の一部は秩序正しく軍規に厳しい日本軍の入城を歓迎した。

ところがニューヨークタイムズは「日本軍は民間人も捕虜もみな処刑した」「シナ人の女が拉致され強姦された」と嘘を書き連ねた。そのまま通説として米国では歴史教科書に載っている。

「いい加減な米人学者に外務省が抗議するとニューヨークタイムズは『日本政府が歴史改竄に圧力』と批判した」（高山正之「変見自在」、『週刊新潮』、17年3月16日号）

トランプ大統領は2017年2月24日、異例の記者会見を行った（正確には記者会見を中止し、記者懇談会としてFOXやウォールストリートジャーナルなど十数社だけを招いた）。

偏向メディアのCNN、ニューヨークタイムズなどを「嘘ニュースであり、国民の敵だ」として締め出したのだ。

首相の記者会見から朝日新聞、東京新聞、ＮＨＫを締め出すようなものであろう。「朝日新聞は国民の敵だ」と安倍首相が言ったら、どういう騒ぎになるか想像してみると、トランプvsメディア戦争の状況がよく判る。

ＡＩ社会の難題、それは既存メディアの嘘ニュースをいかに見破り、どのようにすれば真実に近づくかという技術の磨き方にかかってくるとも言えるだろう。

ツイッターと政治

メディアを敵に回してもへこたれない強いメンタリティがあるが、マスメディアに代わってトランプが愛用するのがツイッターである。

このツイッターという新兵器が政治と密接な親和力を発揮し始めた。

「夜の宴会で決まる政治」といわれた日本でも安倍晋三首相自らがそのときそのときにツイッターで適切なメッセージを直接国民に発し、政策や信念を訴えるようになった。まさに新しい政治の武器の登場であり、この新手法を最大限活用して政治的な成功を演じて見せたのが小池百合子都知事だった。

政治意識が変革された。ドナルド・トランプは大統領選挙で絶妙のタイミングでツイッターでメッセージを国民に向かって直接連発して左翼メディアの偏向報道と果敢に戦った。

米国の主要メディアは日本の大手マスコミの左翼偏向よりひどく、滅茶苦茶な悪口を書いてトランプを罵倒した。ところが泣き寝入りしないトランプはその度、適宜適切な反論を発信し、新聞を読まない有権者ばかりか、テレビの偏向番組に飽き飽きしていた多くの保守層を惹きつけた。

エルドアン（トルコ大統領）はツイッター、携帯電話、ユーチューブを駆使しクーデターへの反撃に出た。

これもツイッターが政治を変革した典型的な例である。

16年7月、リゾート地に滞在していたエルドアン大統領はアンカラの政府建物が戦車、爆撃機で破壊され、急襲特殊部隊がエルドアンのホテル攻撃に出撃したことを知るや、ただちに脱出し、機上から反撃のメッセージを送り、さらにはイスタンブールの外国テレビ局から、「国民よ、街に出よ。戦車の前に立って無謀なクーデターを防げ」と発言した。

こうしてツイッターからＳＮＳ（ソーシャル・ネットワーキング・サービス）をフルに活用してエルドアンはイスラム指導者で米国亡命中のデュラン師支持者が企てたとされるクーデターの試みを防いだ。

この過程をじっと観察し、対策を研究していたのが北京の習近平だった。

なにしろ急激な軍の編成替え、強引な経済政策の発動などで反習近平派は反撥を強めている。実際に暗殺未遂事件は九件、反腐敗キャンペーンの中心にいた王岐山暗殺未遂は二十数件おきており軍事クーデターが何時おきてもおかしくない中国だから、トルコのクーデター未遂は大いに参考となったのだ。

結果、中国では次の動きが本格化した。

トランプ当選直後から、米国を揺らしている深刻な問題はロシアのハッカー攻撃である。ロシアはエストニアの選挙を妨害し、ラトビアでもハッカー攻撃をかけて政策論争に巧妙に介入したが、米大統領選挙では民主、共和両党の選対本部のコンピュータから機密情報を盗み出し、民主党に不利となる情報をウイキリークスなどに漏洩した。ロシアに有利となりそうなトランプ候補の情報はロシアにとって都合の良いものだけを漏洩した。

この米国メディアの情報分析がただしいとすれば、西側陣営がハッカー攻撃にいかに脆弱であることを逆に物語っている。

ということはハッカー対策がやっとこさ、60人程度の専門家しかいない日本はおはなしにならないということでもある。

陳破空『常識ではあり得ない中国の裏側』（ビジネス社）でもとくにハッカーの問題を取り上げている。

中国共産党のネット対策は凄まじく、政府を批判するネットは即座に削除される。ものの一秒もかからない。二十四時間、ネットの議論を見張っているからだ。

共産党をつねに正しいとコメントする「やらせ組」が一つのメッセージを書き込むと「おカネをもらえる」仕組みを完成させた。これを「五毛幇」と言う（陳破空は「五毛党」と言う。1元＝16円の半分が五毛)。

このネットゲリラは「愛国の旗を振りかざし、自分たちは政治的に正しいと思いこんでいる。彼らはプロのネット集団である。(中略) 中国共産党は総力を挙げて五毛党 (ネットゲリラのこと) の拡大を図ろうとしている。2015年、共青団中央は1050万人の『青年ネット文明志願者』を公募した」。ボランティアとして、政府批判の書き込みを削除し、政府を礼讃するコメントを書き込む輩である。

近年では台湾の独立運動や香港の雨傘革命をなした民主派のHPやネット議論に大々的に参入し、ネット議論を掻き乱し、混乱させた。ハッカー技術で、ネットにかけられたセキュリティガードの固い壁を突破し、自由陣営のネットに割りこんで世論をねじ曲げ誤導しようというわけだった。

ところが陳破空は彼らが突破した台湾独立運動のネット論壇は、じつは中国共産党が設置したものだったと皮肉る。つまり国内のガス抜きも自らがしかけたファイアーウォールで吸収し、ガス抜きをするわけである。だから中国はややこしくも腹黒い。

結局「中国共産党がやっているのはネット削除と軍事演習だけ」という実態を知ると、爆笑のあと、やがて哀しき中国独裁政権の破天荒な矛盾がみごとに浮き彫りとなった。

2017年7月13日、ノーベル平和賞を受賞した劉暁波が瀋陽の病院で死んだ。

『08憲章』の起草者として権力に屈しないで戦い続けた人物だけに、天安門事件のような騒ぎになることを恐れた中国共産党は、あたかも最大の医療団を派遣して治療に努めたかのような印象操作を展開し、天安門広場を警戒する一方で、ネットの書き込みを次々と削除したのだった。

さらには墓地をつくられるとまずいとばかりに海葬を遺族に強要し、遺族だけの葬儀を演出するや、さっさと遺骨を海に捨てさせるという乱暴な手法をとった。

現代政治にＡＩ応用の限界

ツイッターの活用が現代政治には必要不可欠のツールとなったことは周知の事実だろう。

左翼の展開する主張の非論理、おかしさ、欺瞞、そして中国の反日勢力との奇妙な連合を見極め、するどく、しかし爽やかに皮肉な批判を短い文章に安倍首相はさっと書いて発信し、全国の支持層から熱い共感を得ている。

このツイッターを十二分に利用して、世論に挑戦している言論人のひとりは中国専門家の石平である。

日本に留学してから早や三十年近い年月となる石平も、はじめは日本語が喋れなかった。真剣に語学の習得に取り組み、日本国籍を取得してから十年近くなる石平でも日本の左翼の言動はまだまだ驚愕と矛盾に満ちていて新鮮に驚くことがいっぱいあるという。

左翼小児病患者が、悪質極まりない左翼陣営の駒として適宜利用されているに過ぎない。その典型が「安保法制＝戦争法」などと絶叫していた「シールズ」とかの若者のデモ隊だった。過大評価は禁物である。

その「独善、矛盾、レッテル貼り、愛国心のなさ。まるで中国共産党そっくり」だと石平の本能的直感力が、シールズなどの基底に横たわる偽善を嗅ぎ分けた（石平『中国から帰化して驚いた、日本にはびこるトンデモ左翼の病理』、徳間書店）。

政治とは命がけのゲバルト行為である。シールズなどは政局を荒らして目立てば良いという遊び半分でデモ、抗議集会を展開しており、影響力は大きくない。

イデオロギーのためには殺し合った中核vs革マルのレベルとも異なり、ハイジャックを引き起こした赤軍派とも本気度がまったく違う甘やかされた世代である。

帰化人として中国共産党の欺瞞に絶望して日本に住んでいる石平は日本のリベラルのデタラメな主張には「愕然」となった。

日本の「平和主義者」ほど好戦的であり、首相を馬鹿呼ばわりし、押しつけでもあの憲法は日本人がつくったと嘯く変な習性がある。彼らは「考える」ということが苦手で、論理的に哲学できないから、簡単なアジビラ一枚で舞い上がり、デモに参加してカクメイをやっている気分になる。政治の本質とは暴力であり、政治家が大成するには、その人のために周囲に何人死ねる信奉者がいるか、どうかで決まる。

シールズの陶酔状態は、アヘンのようなもの、救いようもない社会の屑と言える。

日本の欺瞞を見つけ出す石平はツイッターでメッセージを発信し夥しい同調者がいるという。一人で『石平新聞』を出しているようなものだ。

中国のツイッター世論をリードしたのは「中国のトランプ」という異名を取った任志強だった。日本のマスコミは習近平が権力基盤を固めたと書いたが実態は逆である。なによりも、そのことを象徴する事件が「任志強事件」だった。

任志強は不動産ビジネスで当てた実業家だが、共産党中枢をこっぴどくブログで批判するので「任大砲」とも呼ばれた。彼のブログは３７００万人のフォロアーがいた。共産党をぼろくそに批判するごとに中国の庶民は溜飲を下げた。

任志強は習近平がマスコミの幹部を集め「党の方針通り、マスコミ論調を堅持せよ。党とは異なる報道をしてはならない」と言うと、「党が報道を統制するなど、笑止千万」と強い批判を展開し、ついにブログは閉鎖された。

２０１６年5月1日に、彼は「一年間の観察処分」とされたのだが、ここで疑問が湧いてくる。党を批判しノーベル平和賞をもらった劉暁波は刑務所から出られずに死を迎えたが、反体制知識人は「十年以上」も監獄に入れられるのが普通だ。

ところが拘束もされず、任志強は逮捕も取り調べも受けずに、たった一年間という「観察処分」に付されたのだから「軽すぎる」と訝る声があがる。

じつは任志強は反腐敗キャンペーンの中心的推進者である王岐山と近く、また彼は曽慶紅に近い。

曽慶紅はいうまでもなく江沢民派の重鎮、元国家副主席。しかも習政権を誕生させた最大の功労者である。曽は太子党の強力な領袖でもある。つまり曽慶紅に繋がる人脈に習近平は鉄槌をおろせないのだ。

習の権力基盤は逆に脆弱となっており、こうした権力状況を把握しているからこそ、任志強は随分と大胆な発言を繰り返すことが出来た政治的背景があった。

米国が中国に憤激する最大の理由はハッカーである

2015年秋頃、大西洋でロシア船が米国とEU諸国をつなぐ海底ケーブルを移動させるという事件が起きた。

この異常な準軍事的行動は、ロシアの艦船、船舶の動きを探査している専門家のステファン・ワトキンスが指摘した。

「船舶の動きが異様に遅く、海底で何かの作業を行っていた可能性がある。おそらく米欧の通信の要である、海底の光ファイバーを動かしていたのではないか」とワトキンスは分析した。このロシア特殊船「ヤントン」が地中海に出現し、キプロスからシリアの航路、とくにレバノンとトルコ航路を回航しつつ、なにかの作業を行っていることが観察された（ワシントンタイムズ、2016年10月20日）。

専門家のH・I・サットンは「もし海底ケーブルが切断されたら、西側は経済的にも甚大な影響が出る。とりわけ金融ビジネスの通信が疎外されたら国際金融秩序も国策報道のネットワークも機能不全となる。或いは戦端がひらかれたとき、通信が途絶えたら戦争は一方的なものに結果することになる」と強い警告を発した。もう一つの可能性は「船の速度が異様に遅いことは、切断箇所の事前調査もさりながらケーブルに傍聴装置をほどこしているのではないか」という疑惑だ。

ロシアのハッカー軍団が米大統領選挙に際して、民主党の通信記録をリークしたり、選挙のデータへ侵入した形跡が濃厚だが、米国ＮＡＳＡは宇宙から通信を傍聴し、ロシアは海底から同じことをしている。ネット社会における通信は、光ファイバー・ケーブルが命綱である。

日本の大容量の通信も、神奈川県某所に集中し、そこからトンネルを経て、太平洋の海底ケーブルに繋がっている。この場所はすでに中国も北朝鮮もロシアも把握している。にもかかわらず、日本はのんびりとかまえており、警備体制ができていない。

ネット上の詐欺も横行し始めた。オレオレ詐欺が進化したのだ。

筆者が関係する或る安全保障研究のシンクタンクでも「なりすまし」の被害がでた。

それはネット配信ではなく、会員に研究報告を頒布している書類が、北朝鮮に関する添付ファイルが付いていたためにハッキングされ、そればかりか、執筆者になりすまして、偽の報告者が、関係者に発信していたことが分かった。

民間のシンクタンクまで、被害が及んでいるということである。

ところが、この中国のハッカー軍団に勝るとも劣らないのが北朝鮮のハッカー部隊、きっと北にはハッカーの天才がいるようである。

ロシアのハッカー部隊（「ファンシー・ベア」）が米国大統領選挙を妨害？

２０１７年5月にトランプ大統領はコミーＦＢＩ長官を馘首した。「かれは良い仕事をしなかったからだ」という理由だった。

ＦＢＩ長官はいったい何をしたかは、大統領選挙中盤からの経緯を振り返る必要がある。

「米民主党とリベラルなメディアが口を揃えてロシアが民主党のコンピュータにハッカーを仕掛けて侵入し、選挙を妨害していると騒ぎ立てた。米の国家安全保障局（ＮＳＡ）も、ロシアのＳＮＳにハッカーを仕掛けているが、そのことを問わないばかりか、トランプ当選を阻止するためにと民主党の不正行為、腐敗、ヒラリー陣営とリベラルマスコミのただれた関係を暴露されるのを恐れた」

これはトランプの発言ではなく、『ワシントンタイムズ』（２０１６年10月15日）の記事である。

トランプ攻撃は凄まじかった。過去の些細な事件の噂、与太話を並べ立てて人権を無視した個人攻撃。証拠などテレビニュースの段階では不要とばかりに、民主党とリベラルなマスコミの共同作戦、トランプ候補を貶める陰謀ともとれるほどに凄まじい個人攻撃だったことを思い出す。

なぜこうまで激しく攻撃するかといえば、実際にヒラリー当選が危なかったからで、世論調査を何度繰り返しても、彼女の優位がでてこない。ついにリベラル系の２００の新聞がトランプ攻撃に転じ、

30のメディアは社説でヒラリーへの投票を呼びかけた。

トランプの反グローバリズムを恐れるウォール街、これに呼応する共和党保守本流、そして移民排斥などで対立する民主党の主流派が一斉に共闘をくむかたちとなった。あまりのことに共和党主流は、上下両院の選挙への悪影響を勘案し、トランプへの組織だった支援をしないことにし、ライアン下院議長は日和見を宣言した。左翼の情報操作に破れ、共和党は結束に亀裂を入れられ、トランプを公然と支援できない状態が続いた。

トランプはツイッターを駆使して、民主党の不正がまかり通っていると選挙無効の予防線を張った。しかし米マスコミが異常な興奮でロシアのハッキングを脅威視しているが、トランプは「ロシアは妨害しているかも知れない。しかしそれならば中国のハッキングはどうなのか？　ほかの国からのハッキングや個人によるものはどうなのか」と問いかけてみせた（『ＴＩＭＥ』、16年10月10日号）。

それまでは中国のハッキングばかりをオバマ政権は批判してきたではないか。今回の大統領選挙で、中国のハッカーの影が薄かった。

中国は現状維持を訴え、御しやすいのはクリントン候補と判断していたから、トランプに共鳴するプーチンとは立場が異なり妨害に出ていなかった。たしかに２０１１年のエストニア選挙ではロシアが総選挙にハッカー攻撃をしかけて、妨害した。エストニアはＩＴ先進国に変貌しており、世界で初めて国民がスマホで投票をするという投票様式を採用する実験場となった。

エストニアをＮＡＴＯにもがれた格好のロシアとしては面白い筈がない。そこでエストニアにハッカー攻撃を集中し、選挙を見事に妨害した。エストニア通信のインフラが脆弱で、そのうえ、エストニア国内にはロシア人コミュニティがあちこちに残存しており、ロシアの第五列の役割を果たすからである。

その後、ロシアはフランスでルペンの国民戦線に900万ユーロを迂回融資し、またドイツではテレビ局の番組を乗っ取ってISの旗を掲げたり、東欧の選挙にもハッカーを仕掛けてきた。

このハッカー部隊は「ファンシー・ベア」と呼ばれる。

米大統領選挙では、選挙開票は機械が自動的に選挙区内の統計をとるが、投票所の機械とインターネットとは連動しておらず、閉鎖回路である。ロシアが選挙の開票を妨害したり、集計を誤魔化す可能性は殆ど不可能と言える。そこで残る危険性として、取りざたされているのは、その前の段階においての有権者のデータ改竄である。

選挙の投票現場で大混乱が導き出される危険性がある。

近未来に予測される世界金融危機では、とりわけハッカーが難題である。

米国大統領選挙ではロシアのハッカー軍団が民主党のメールを傍受し、かれらに不都合なメールのやりとりを暴露した。

ウィキリークスも負けてはいなかった。

ウィキリークスが暴露したヒラリー・クリントンの中国に関しての演説内容を読むと、彼女が中国に対して無知と誤解による幻像を抱いていることが明らかになった。ヒラリーは国務長官辞任後、ウォール街の大手ゴールドマン・サックスや、その関連会社、ＣＭＥグループなどへ出かけて、高額な講演を行っている。そのときの講演録が、ウィキリークスの手で暴露されたのだ。

「習近平は胡錦濤より、はるかにマシな政治家よ」と彼女は言い放った。「胡錦濤がなしえなかった経済改革と社会改革に壮大なビジョンがありそう」「なによりも彼は短時日で軍を統率して、権力を集中している」。

習近平をほめあげる理由として、「30年前にアイダホ農家に短期だが、ホームスティの経験があり、彼の娘がハーバード大学に留学していることは、発表はないが中国高官はみな知っている。つまりかれらの『中国の夢』って、『アメリカンドリームの中国版』なのよ」。

しからば中国軍人たちの愛国心とは何かと問われたヒラリーは「人民解放軍の幹部、とりわけ50代、60代の軍人等は周りの親戚や家族や友人が『日本軍に殺された』というわ。中国のナショナリズムって、『反日』なの」

講演したのは２０１３年の6月４日（天安門事件記念日に中国を褒める無神経に注目したい）、そして同年10月（日付け不明）と同年11月18日。いずれも習近平が国家主席となって数ヶ月ばかりの頃である。中国へのあまい評価と幻像を抱いていることがこの演説からも読み取れる。

このようなハッカーの弊害、ソーシャルネットワークの暗部に潜む危険について平和ぼけした日本のマスコミは深刻に伝えていない。

中国の情報戦は、「革命輸出型」から「経済情報獲得型」へ戦略シフトがおきている。経済発展の後ろ盾となる科学技術や経済情報の価値の上昇も大きな原因である。

敵のコンピュータ・ネットワークに悪性のウィルスを送り込む。HPを改竄する。偽情報を流す。陽動作戦で敵のシステムをずたずたに寸断する。ハイテク技術を盗み出す。ありとあらゆる悪辣な手段を実行し軍事的ハッカー戦争では優位に立った中国！

バングラデシュ中央銀行から9億5000万ドルを盗もうとした北朝鮮

そのロシアや中国と並ぶか、その上を行くハッカー集団が日本の隣にある。

「ラザルス」と呼ばれるハッカー組織は主として世界の銀行口座を狙う。独自の証拠隠滅技術を持つ、このラザルスは北朝鮮の組織である。

世界から顰蹙を買う核実験を強行し、ミサイル発射を繰り返すため国際社会によって経済制裁を受け、現金不足に陥った北朝鮮は、ハッカーによる銀行預金略奪、あるいはハッカー攻撃による巨額恐喝を展開し、キャッシュ不足を埋め合わせようと躍起になっている。

その事件は2016年に起きた。

コンピュータ・システムにやや遅れたバングラデシュ中央銀行が狙われ、ドル口座から自動的に9億5000万ドルが移し替えられ海外への送金指示がでていたのだ（実際の被害は8100万ドル）。

北朝鮮のハッカーにより銀行預金が強奪され、洗練されたハッカー技術による手口だった事実が浮かんだ。

このハッカーの銀行口座強奪事件は、民間人の国際会議「アスペン会議」で、米国家安全保障局（NSA）のリチャード・レゲット副局長が明かした。北朝鮮のハッカー・テクノロジーは格段に進歩を遂げており、類似の事件が近い将来に世界の何処かで必ず起こるという警告でもある。

2014年11月24日に起きた「ソニー映画ハッカー事件」は、全システムが機能不全となって、ハッカーから身代金要求がでていたことが判明した。米国はこのソニー映画ハッカー事件も北朝鮮の仕業と睨んでいる。

北朝鮮のハッカーによる銀行口座からの横取りはバングラデシュだけではなかった。ロシアのサイバーセキュリティ会社「カスペルスキー」に拠れば、北朝鮮は過去に、エクアドル、フィリピン、ベトナムでの横領未遂事件があるという。

ポーランド、台湾にもサイバー攻撃を仕掛け、実際に相当の被害がでた。ニューズウィーク日本語版（15年4月18日号）によるとイラク、インド、インドネシア、ケニア、ウルグアイに北朝鮮がサイバー攻撃をかけていた証拠があり、それで得た外貨を核開発資金に回したという。

ロシアNOW（15年6月30日）に拠ると、このロシア企業を監査していたのが英米の情報機関であるというのだから真相は複雑怪奇だが、報道の中味とは、

「アメリカとイギリスの諜報機関は、ロシアのアンチウイルスソフト会社『カスペルスキー・ラボ』

や他の20社以上のアンチウイルスソフト開発会社のソフトに対して、リバース・エンジニアリング（逆行分析）を行っていた。アメリカの中央情報局（ＣＩＡ）元職員、エドワード・スノーデン氏によって提示された資料で、これが明らかになった」

中国が仕掛けている情報戦争の実態をしらないことは危険である。

日本社会の欠陥は会議でのリーダーシップが欠落しているため稟議審議に時間を費やし、些細な事項でも議論を繰り返し合意を得るため、決断の時間が遅い。だがいったん決まると、そのあとの実行実践は迅速である。

ようやく日本の宇宙への取り組みが実現された。通信の要となるＧＰＳの24時間運用へ衛星４基体制がまもなく実現する。これで宇宙空間の覇者となりつつある中国に対抗出来る上、日本の国家安全保障に繋がる道が開ける。

「日本版ＧＰＳ（衛星利用測位システム）」は24時間運用を目指す。２０１８年には米国のＧＰＳとの併用で一般サービスを始める。４基体制になれば、日本上空には測位衛星が常に2基いる状態となり、米ＧＰＳ衛星と合わせて測位に最低限必要な4基以上の衛星が安定的に確保されることになる。とくにＧＰＳは安全保障上、外国部隊の行動を観察、把握できるうえ、ミサイルの精密誘導などが可能、また妨害電波への対処や高度に暗号化された信号の発信が可能となる。

日本の最大広域暴力団「山口組」が分裂したことは大きくニュースとなって世界のメディアも報道

した。

しかし、そのことと国際金融といったい何の関係があるのだろう？　その詳細を検討しているのが猫組長・渡邉哲也『山口組分裂と国際金融』（徳間書店）である。この本の著者のひとり「猫組長」は匿名で元山口組系組長で実際にドバイやメキシコやロンドンを飛び回り国際投機を実践してきた人物だ。

暴力団といえば麻薬、武器密輸、売春などと相場は決まっていた。末端の町のチンピラは町内から「みかじめ料」の集金で成立してきた。縄張りに余所者が入りこめば刀を振りかざしたり、ピストルを撃ち合ったりのゲバルトが展開され、庶民の顰蹙を買った。

暴力団対策法が成立されてから、その形態が激減した。みかじめの集金は「恐喝」という犯罪となる。そこで花代とか、設備備品交換などを売りつけ、あるいはトイレの用品など縄張りの飲食店が日常必要とするものを売る、合理的システムに切り替え、たとえば従業員の多い工場などでは自動販売機の利権が絡むという具合にソフトになった。

そこへヤクザの世界でも「グローバリズム」の波がやってきた。

第一は外国から凶暴なヤクザの侵入である。日本独特の任侠道の世界での価値観は、こうなると通じない。

日本の場合、新宿歌舞伎町の混乱、大接戦に象徴されるように中国系、台湾系、満州系が入り乱れての戦場と化け、かれらは既存の日本のヤクザを度外視して立ち回るから「歌舞伎町」は「華武器町」

に化けた。

伝統的な任侠道はまったく通じず、日本のヤクザが永年仕切ってきたシマをお互いが守るという感覚がわからない。つまり秩序が変わったのだ。

米国でもマフィアが大暴れをしていたが、主としてイタリア系で縄張り争いが展開され、彼らなりの掟を裏切ると見せしめのために殺害された。

映画『ゴッドファーザー』にそれが代弁されている。アル・カポネは禁酒法に目をつけ、酒の密売ルートを築き上げて大儲けをした。いま、この連中は国際的なリンケージを組んで、株式、社債、商品とりわけ石油先物相場に雪崩れ込んだ。

驚くほどの洗練された手口で、ドバイに拠点を集中させ、大規模な投機に明け暮れている。山口組もそれに加わっていた。

グローバリズムの波がヤクザの世界を一変させ国際金融にどっと加わってきたわけである。ふんだんな資金をもつ山口組は最初に手を出したのは株式の仕手戦だった。インサイダー取引の手口だが資金を集中的に投じて、小型株をつり上げ、高値売り逃げという、仕手筋のスポンサーとなって分け前を稼いできたが、そのうちに日本株や社債では飽き足らなくなって、国際投機に参画する。

サーバー規制の極端に緩いフィリピンなど第三国に目を付け、「ネット博打」のビジネスを始めた。

このネット博打はいまや国際的ネットワークになっている。英国のブックメーカーは、海外に口座を開設して行えばそこで国家間の「法空間」を跨ぐのだと猫組長が指摘する。

となれば、ラスベガスやマカオに飛ばなくても、賭場で目撃されることもなく、法律の網をくぐり抜けて賭け事に集中できる。これがグローバルビジネスの初期の形態だったわけだ。ついで目を付けたのがＩＰＯ（新規公開株式）だった。上場前に株式を仕入れ、高値を演出して売り抜け、巨額を懐にする。

これこそ渡邉哲也が指摘するように、「以前の暴力を主体として企業からの直接の資本奪取から、暴力を背景にした企業との交渉へと経済活動が変わっていった。これによって金が金を生む資本循環にシノギの構造が変わっていった」ことになる。

奇妙なことに日本で金融ビッグバンが実施されるや、銀行や国際会計士が「大活躍」して、ニューヨーク、ロンドン、香港、シンガポールでのマネーロンダリングの方法を教唆した。どっと日本のヤクザが国際拠点に進出した。

遅れること20年、米国は法規制を厳格化しはじめ、スイスの銀行に秘密口座の開示を要求し、またテロリストへ資金移動を見張るために監察を合法化した。

世界の口座の移動は米国によって把握され、情報源がＣＩＡと推定される「パナマ文書」がリークされる。

いくつかの法律で日本のヤクザも摘発されるようになり、国際金融への関与は、さらに狡猾巧妙、洗練されていった。

「結局、ヤクザが証券化業務を覚えて」、エクイティ・ファイナンスという新世界に進出した。すなわち「増資や転換社債発行による資金調達」（猫組長）だが、これがペーパーでなされていることに直目し、タックスヘイブンで債権を発行するという手口に飛びついた。

つぎに日本で海外の有価証券を買う。L／C（信用状）、B／L（船荷証券）といった「有価証券を日本で買って海外に持っていって換金する」という手口がヤクザによって多用される。

筆者は貿易会社を経営していたことがあるのでL／CとかB／Lとか、貿易の専門用語も、システムも知っているが、かなりの専門領域であり、その有価証券が国際的な市場に流れていたことは知らなかった。金融のグローバリズムの一つの発展形態である。

ついで彼らが目を付けたのはドバイだった。

原油取引にまつわる先物相場への投機から、多種多彩な手口を覚えての参入で、「一時期のドバイはヤクザだらけだった」そうな。

マネーロンダリングをロシア・マフィアはキプロスを拠点とした。中国人マフィアは香港が最大拠点だが、国際的には当初、ドバイが拠点だった。ドバイ最大のマーケット「ドラゴンマート」は華僑が経営している。

彼らは、こうした国際拠点で先物、現物、利ざやなど高速取引のコツを覚え、カネを稼いでいたが、競争が激しくなった。そこで次に為替ＦＸへの投機を捌めた重層的で専門的な投機にも手を染めた。

国際化時代、なんとも驚くほどの世界があったものだ。

ハッカーと「ランサムウエア」

世界中を襲うハッカー集団の犯罪は日増しに強大となって、軍事力をつかうより、簡単に奇襲を繰り返し、身代金をせしめている。G7やG20でも、議題に真剣に採り上げられ、国際協力によるハッカー退治が謳われているが、成果はあがらない。

CIA幹部が予言したように、世界的規模のハッカー災禍がとうとう起きた。

2017年5月12日、世界99ヶ国を同時襲撃したハッカー被害は前代未聞の惨状となった。

初日の捜索では英国の医療機関の被害が一番目立った。なぜなら緊急手術や生命の安全に直結するため、当座のシステム回復のために「身代金」を支払ってしまうからだ。それもビットコインの支払いであるため、あと追い捜査が難しいという穴を狙っての犯罪である。

ワシントンポストによれば、英国内の248の国立医療機関のうち、48の施設で被害が確認された（同紙、5月13日）。典型の手口は「トロイの木馬」と言われるウィルスを添付ファイルで送り込み、ウィルスを感染させてデータを暗号化させてしまう遣り方が最も多く、身代金の要求も1700ドルから最大30ビットコイン（5万ドル）と幅がある。

その後の調べでは米国のディズニー映画も襲撃され、身代金の要求があったという。

世界的な被害の連鎖は日本で全体の6％が記録され、多くの被害企業のうち、16％が身代金を支払ったという報道もある。日本企業は被害を公にしたがらないため、実態が不明だが、1000万円以上の支払いに応じた企業が多いと推定される。

ほかにも海外の日系企業が被害を受け、在英日産などで生産ラインの一部で稼働しない工程がでた。スペインではテレフォニカ、フランスはルノーの生産現場システム、ドイツでは鉄道システムが機能不全に陥り、不思議なことにノルウェーではフットボール試合のチケット売り場のコンピュータがやられ、スエーデンでは地方政府のそれ。

意外にも一番の被害はロシア、二番目が中国だった。国営ロシア医療機関、厚生省、国営鉄道、通信のシステムが甚大な被害を受けたといわれるが公式発表はなされていない。中国もこういうニュースは隠し通す。

ニューヨークタイムズ（5月13日）に拠れば、「実際に人を誘拐し身代金を要求する誘拐ビジネスより簡単で、もっと儲かる商売だ」とし、狙いやすいのは「すぐ金を払うところ」すなわち医療機関、大学だとしている。英国医療大学（ロンドン）は過去一年に19回襲撃を受け、専門家を雇って常時警戒しているのにかかわらず、襲撃は続いている。全米では２０１５年から16年にかけて総額10億ドルの被害が出ているとＦＢＩが認めた。

連休が明け、時差によって日本企業が活動を開始した5月15日、日本の大手電機メーカー日立製作所のコンピュータシステムも被害を受けていたことが判明した。ほかにもＪＲ東日本、東急電鉄、そして川崎市水道局などにウイルスに感染したパソコンがあった。

これらは北朝鮮の仕業だが、通信事情の悪い北朝鮮国内からではなく、かれらは中国軍の北部戦区が経営する丹東や瀋陽のホテルに長期滞在し、ここから第三国を複数経由してハッカー行為に及んでいる。英紙ロンドンタイムズ（8月15日）に拠れば、ロシアのハッカー部隊「ファンシー・ベア」は欧州の豪華ホテルに陣取り、ホテルのW-i-F-iを使って宿泊客の情報を盗んでいるという。

欧米にチェーンを持つ豪華ホテルが選ばれたのは宿泊する客の多くが大物政治家、外交官、企業幹部だからである。かれらは一流ホテルなら大丈夫だろうと、微妙な情報のやり取りをホテルの部屋から行うことが多いのだ。

判明しただけで欧州の7ヶ国にまたがるホテルと中東1ヶ国のホテルでの暗躍が判明した。

偽情報、偽造文書の根本問題

ハッカー被害と同様に恐るべきはネット、ツイッターで嘘ニュースが流され、世界中に撒き散らされるケースである。

中国人の得意技は嘘放送だが、孫子の兵法が教唆する戦争の要諦とは「戦わずして勝つ」という原則である。

そのためには「相手を騙せ」とあり、攪乱情報、陽動作戦、偽造文書、偽情報を駆使せよと述べられている。これは世界共通といえるかも知れない。つまり騙されたほうが馬鹿を見るのである。

そこで欧米の遣り方をここで振り返って、嘘放送の原型をさぐっておくことは有益である。

欧米で人々が議論したがらないのはユダヤ人問題である。ドイツへ行くとナチスの議論はかならず避ける。全体主義との関連でいえば、ナチスもロシアもユダヤを迫害したし、リトアニアもポーランドもチェコも同様だった。ウクライナ、ベラルーシでも二十数万ともいわれるユダヤ人が消された。

そしていまも見えないかたちの差別がユダヤ人になされており、日本では分からない問題がタブーの言語空間に存在している。

ウンベルト・エーコ『小説の森散策』（岩波文庫）はハーバード大学でおこなった連続講座の記録で、いかにして小説を読むかを書き手の立場から読者にどう読んで欲しいかなどを語り、フィクションとはいったい何かを講義した記録である。

圧巻は『シオンの議定書』なる世紀の偽造文書がどのようにして作られ、またどういうプロセスを経て人口に膾炙《かいしゃ》するようになったかを語った箇所である。

フランス革命の前夜。１７８８年に侯爵のマルキ・ド・リュシェが警告を発している。「深い闇の奥から、かって類を見ない新しい人類の集団が形成された。かれらは互いに顔を合わせたこともないのにおたがいを見知っている。イエズス会の法体系からはその盲目の忠誠心を、フリーメーソンからはその試練と儀礼を、そしてテンプル騎士団からは土霊召喚の秘儀と勇猛果敢な態度を、それぞれ取り入れている」（『啓明派試論』、１７８９年）。

この時代、フランスは反ユダヤの風が吹き荒れ、多くの流言飛語が飛び交った。人々の間にはマニ教団もテンプル騎士団もフリーメーソンもユダヤ人の団体でなにか陰謀を企んでいるという話がまことしやかに拡がっており、こうした社会風潮が当時の多くの小説の中にも取り上げられていった。「流言飛語を広めた最大の功労者は、ある小説家、ウジェーヌ・シューでした」とエーコは言う。その感染の悪影響は文豪デュマにも及んだ。

シューの書いた『さまよえるユダヤ人』によって、ユダヤ人が「見えざる手」、「陰謀家」として描かれ、ユダヤ陰謀論は欧州に蔓延するに到る。これがやがてロシアの秘密警察の長となったラチコフスキーという人物の知るところとなり、政治利用を思いつくのだった。かれは「凶暴な反ユダヤ主義者」だった。おりしもドレフェス事件、かれは普遍的だった陰謀物語をすべてユダヤ人にすり替え、「陰謀をそっくりユダヤ人によるものとして」、陰謀論をでっちあげる。

かくて世紀の偽造文書『シオンの議定書』がまことしやかにロシアで広まり、ナチスドイツに伝わって行く。ヒトラーがユダヤ人に対して何をしたかは改めるまでもないが、日本が教訓とするべきは「南京大虐殺」という世紀の嘘を放置したら、やがて日本人は世紀の陰謀を企てているユダヤ人と同様に虐殺の対象にされかねないということである。

東欧諸国では年配の人々の中に、露骨にユダヤ人に不快感をしめす人々がいる。恰も「南京大虐殺」なるでっちあげが問題となっているが、これは歴史改竄というより中国、韓国、そして米国の政治的プロパガンダである。そしてユダヤ人の陰謀説と共通性が認められる。『シオンの議定書』という偽造文書はロシア秘密警察が援用して「ポグラム」といわれるユダヤ人虐殺を正当化するためにでっちあげた。のちにナチスが仕上げ、ユダヤ人ホロコーストを吹き込むテキストになった。源泉はロシアとばかり思いこんでいたが、どうやらフランスにこそ淵源がある。

ウンベルト・エーコ、橋本勝雄訳『プラハの墓地』(東京創元社)には次の箴言がさりげなく挿入されている。

「群衆は野蛮であり、いかなる時も野蛮に行動する。自由によって限りない消費が許された飲み物のせいで痴呆となった、獣のようなアルコール中毒患者たちを見よ!(中略)政治においては純粋な力だけが勝利し、暴力が根本原理であるべきだ。狡猾さと偽善が、とるべき方針でなければならない。悪は善意に達するための唯一の手段なのだ。腐敗、欺瞞、裏切りを前にして我々はためらうべきではない。目的は手段を正当化する」

だからフランス革命はギロチンの処刑、流血、裏切り、反乱、パリコミューンもまた、そしてロシア革命も、中国毛沢東の暴力革命も……。

この『プラハの墓地』は小説で、主舞台はフランスは花の都=パリ。ときにシチリアに飛んだり、背景の時間も長く、遠景に登場するのはルイ国王、ナポレオン、アレキサンドル・デュマ、フロイト、そしてドレフェス。

歴史的空間はイタリア統一、パリ・コミューン、ドレフェス事件など。しかし題名にあるように「プラハの墓地」にはじまり、「プラハの墓地」に終わる。プラハの墓地が象徴するのはユダヤ人の運命だ。『シオンの議定書』という偽文書をつくった、偽筆家集団の暗闘、裏切り、陰謀、殺人の物語となっている。当時の欧州にはいかに反ユダヤ主義の嵐が荒れ狂ったか、そして陰謀、暗殺、殺人、戦争、殺戮、虐殺がおこるたびに偽作家の大活躍が始まって、かのドレフェスの冤罪事件も、その裁判で有罪をでっち上げた証拠なるものが、彼らがつくった偽造文書だった。

プラハでシナゴーグと、その裏山にあるユダヤ人墓地を見に行った。狭い土地にしか認められなかった墓地だったため、ぎゅうぎゅう詰めの墓石の上にも墓石、石碑などを積み重ねてあり、奇妙な、不気味なユダヤ人墓地が残っていた。

『プラハの墓地』の主人公は幼児のころから反ユダヤの家庭に育てられ、幾多の歴史的事件の渦中でせっせと偽造文書をつくり、殺人を重ねながら、カネのために世紀の偽造文書にせっせと精を出した。ユダヤ人が世界制覇を目論んだ陰謀をはかるという『シオンの議定書』は、いかに真実味をだすかで討議され、多くの嘘くさくない逸話を挿入し、その細工ぶりを語る。「文書を偽造する人間はつねに文書で裏付けしなければならない。だから私は図書館に通いつめた。（中略）ある本でプラハのユダヤ人墓地の美しい版画を見つけた。今はうち棄てられ、ひどく狭いところに一万二千ほどの墓碑がある」。

革命家、騒擾屋、反革命集団にはつねに仮想敵が必要なのである。

「問題は経済的陰謀を弾劾することだ。パリのレストランではノルマンディのレストランよりもリンゴの値段が百倍も高いのはなぜか？　他人の肉を食らって生きる捕食民族、かつてのフェニキア人とカルタゴ人のような商人の人種がいるからだ。現代ではそれがイギリス人とユダヤ人だ」

つまり「異なる多くの顔を持つ脅威をつくることはできない、脅威の顔はただひとつでなければならない」のである。

世の中の真理とは戦争はなくならないこと、平和を欲するなら戦争に備えよ、ということである。

しかし、この世界の常識が日本には通じない。

「無知はリベラルに弱く、リベラルは無知につけこむ」という特性があり、それを利用して日本の言論空間はひさしく左翼に蝕まれてきた。論壇を壟断するのは「考えない輩」になった似非《えせ》知識人。にせ学者。左翼小児病患者、そして軽佻浮薄なジャーナリストである。

この絶望的ともいえる日本の荒廃した知的空間に正面から斬り込む論客が最近とみに増えてきた。

「理性が最後になすべきことは、理性を超える事物が無限にあるということを認めることである。それを認めるところまで至らぬなら、理性はよわいものでしかない」(吉田好克『言問ふ葦』、高木書房)

第四章　文明の進歩と人類の衰退

「西側文明は危機にさらされている」とトランプ大統領

「もし西側が生き延びようとするなら、行動しなければならない」

トランプ大統領が、この演説をしたのは２０１７年７月５日、ワルシャワである。

日本ではまったく評判にならなかったが、このトランプ演説の持つ重要性を問題にしたのは寧《むし》ろロシアだった。

「トランプ大統領のワルシャワ演説はかつてないほどに思想的である」とロシアのメディアが分析した（プラウダ英語版、７月６日）。

中欧12ヶ国の首脳を集めてワルシャワで開催された「米・中欧サミット」で、トランプ大統領はＮＡＴＯの防衛義務を果たすと明言し、西側の危機に団結して立ち向かうことを述べた。

「西側の文明はテロリズム、ハッカー、そして官僚主義の肥大化による機能不全などによって危機に直面している。生き残ろうとする意思がこれほど重大な意味を持つ時代はない」と、レトリックで飾られた演説ではなく、具体的行動を示した内容となった。

ポーランドの集会では民衆から熱烈な拍手が起きた。

ロシアのウクライナとシリアにおける軍事行動を非難し、イランの行為を批判する一方で、トランプはＮＡＴＯの一層の防衛努力を訴えた。これまで報じられてきた米露緊張緩和のムードに水を差し、明らかにロシアとは一線を画する演説内容だった。翌日に予定されたプーチン大統領との初会合への強い牽制も含まれていた。

ＮＡＴＯ諸国の疑念は、米国の防衛関与が低減してゆくという安全保障上の不安、ウクライナ問題からの逃避にあり、アメリカンファーストとはＮＡＴＯへの関与否定に繋がることだった。しかしトランプはＮＡＴＯ条項第五条を遵守すると確約し、欧州における米軍のプレゼンスは継続されるとした。同時にロシアとの協調路線は大幅に後退させたことを意味する。

大統領選挙中のロシアによるハッカー妨害を「ロシア一国の犯行だったという証拠はない」としてロシア糾弾を避けてきたトランプだけに、この演説は路線転換にあたるともいえる。トランプ大統領のワルシャワ演説は、アメリカンファーストではなく、ＮＡＴＯ諸国との共存、共同防衛の重要性を訴える結果となった。

トランプのワルシャワ演説はクラシンスキ広場で行われ、２０１４年にオバマ前大統領が行ったザムコウィ広場を避ける演出も行い、またユダヤ人団体はゲットー訪問を回避しているとトランプを批判していたが、長女のイバンカが代理にホロコースト記念碑を訪れ献花した。

「欧州防衛はカネの問題ではない。自由を守るという意思の問題である」としたトランプは、NATO諸国のGDP2％の防衛負担義務を果たしていない国々への批判を展開してきた。

トランプは続けてこう述べている。

「中欧諸国はベルリンの壁が崩れてから28年を経過したがまだ経済も精神も完全に回復したとは言えないだろう。そのうえ新しい形態の戦争、ハッカー、テロリズム、危険思想の蔓延という『見えない脅威』に晒され続けている。ロシアの影響力はそればかりかエネルギー供給の面でロシア依存度が高いという脆弱性を抱えている。今後は米国からのガスへの切り替えという選択肢により資源安全保障も考慮されるべきであろう」

この演説では環境破壊や人権問題、大気汚染、先進国に於ける人口減少などの諸問題には直接触れてはいないが、世界が直面する危機の本質を突いている。

そうだ、西側文明は病んでいるのだ。

人口減少を憂うる前に

「ヘル・コリア」というのは「地獄の韓国」という意味だそうだ。なぜ、こんな言葉が韓国の若者から言い出されるのか。

それは若者の絶望感の拡大の結果である。まともな就職ができない、したがって恋愛にも走れず、結婚は諦めざるを得ない。「三放主義」（恋愛、結婚、出産）という言葉が、人生の夢を放棄せざるを得ないほど韓国社会は窮状に陥ったことを示している。

日本の若者の惨状を憂う声も強いが、隣の国はもっと深刻だ。表面的に韓国経済は良いなどというのは大財閥の少数派のことでしかない。

韓国通の室谷克実によれば「収入が上位10％の20―30代の男性の既婚率が82・5％なのに対して、下位10％の男性は6・9％というデータがあります。少子化で悩んでいる日本より韓国の出生率が低いのは、そうした事情があるからです」（『明日への選択』、平成29年6月号）

碩学といわれた渡部昇一は子供3人、孫5人に囲まれた金婚式で、その人生の感激を次のようにさらりと綴った。

「子供を育てるということは大変なことである。しかしわれわれはそれを――当時の大部分の日本人のように――当たり前のことと受け止めていた。しいて言えば子供で苦労することは当たり前の人間にとって『人生の手ごたえ』と感じたとでも表現できようか。子供の教育費がなかったらもっと贅沢な生活ができただろうになどとは考えなかったし、子供がいるので生きる張り合い、働く張り合いができたというべきであろう」（渡部昇一『知の湧水』、ワック）

続いて渡部はアリストテレスとプラトンの差違を述べる。

「この二人の大哲人の切り口は全く違った方向に向いていたと言える。つまりプラトンの切り口は『東』に開かれており、アリストテレスの切り口は『西』に開かれていた。プラトンの思想は東洋にも偏在していたが、アリストテレスは西欧の中世に花開き、実を結び、西洋と特徴付ける哲学となった」

プラトンは「不滅の霊魂とその転生について語っている」のである。

『プラトン全集　第1巻』（岩波書店）には次の言葉がある。

「たしかに、よみがえるという過程があることも、死んでいる者から生きている者が生じるということも、そして死者たちの魂が存在することも、本当なのである」

高齢化社会とは総人口に占める65歳以上の高齢者の割合が増大した社会で、日本は現在25％、２０２５年には33％となると予測されており、世界一である。

そうなると働かない人々を若者たちが養っていけるか、どうか。

予算的にはすでに限界がきており、とくに日本のような社会福祉制度が発達しすぎてしまった国では、保険などの負担に応じるための労働人口減少が事態の悪化に拍車をかける。若者たちは自分たちの将来を暗く見る。

国勢調査（昭和45年）では僅か７％だった高齢化社会現象は１９９５年調査で15％に、２００７年には22％、そして２０１６年に25％、つまり４人に１人が高齢者という歪《いび》つな人口バランスとなった。

少子高齢化の原因は出生数が減ったことであり、他方、平均寿命が延びて世界一の長寿社会となった。これに加えて第一次ベビーブームの「団塊世代」が２０１２年から14年にかけて高齢者となり高齢化ペースが早まった。このペースのまま推移してゆくと２０３５年には33％に達し、人口の３人に１人が高齢者になる。

日本政府が無策であるはずはなく、高齢者の職業を拡大し、労働参加率を高める一方で、出産しやすいような環境の整備、環境づくりが急がれている。

しかし制度の手直し程度で解決できる問題ではない。抜本的な課題は精神の再建にある。

少子化とは出生率の低下だが……

日本の新生児の激減ぶり（つまり出生率の低下）が顕著である。

或る予測では「２０６５年に日本の人口は８８０８万人に減少する」という（国立社会保障・人口問題研究所の『日本の将来人口推計』報告書）。

このシミュレーションでは２０６５年には65歳以上の高齢者が全人口の38・４％を占め、女性の平均寿命が91・35歳、男性が84・95歳まで延びるそうな。

現在対策として呼びかけられているのは（1）女性を働き手としてもっと確保し、（2）高齢者の意識を変えて元気な人には可能な限り活躍してもらう、（3）コンパクト・シティ（つまり病院やコンビニを集中させ、その周辺に住むこと）など、この上に「移民」を歓迎するとしているため、外国人技術者を一千万人まで増やそうと自民党は対症療法的な政策しか考えていない。

世界的な人口学者のエマニエル・トッドは「識字率」の向上が少子化の原因とし、そうした少子化の原因に社会の無神論化があって、いずれソ連が崩壊したような社会的危機を招来すると予言している。

筆者の結論を先に書けば、人口の減少より、国民意識、国民精神を喪失させた日本の現行システムの下で、これから産まれる「新日本人」が無造作に増えることを手放しでは喜べない。

日本の人口は８０００万人程度で適切であり、人口が多いことは中国、インドをみれば明らかなように、まつりごとを難しくする。国論がつねに分裂しまとまりにくい。日本が開発途上国へ転落することさえ予想しておくべきである。

そもそも出生率向上が政策の中軸にあり、待機児童をなくせという行政府の目玉の政策も泥縄であり、抜本の処方箋ではない。少子化対策がなぜ保育園だけなのか、誰も議論しない。ポピュリズムに訴える政治家の打算が、抜本的政策を後方へ追いやり、思いつきの目先の政策を協調して、本物の危機から逃げているともいえる。

待機児童問題を強調するのは政治家の票に結びつくからである。根本の問題は若い女性が適齢期に出産する安堵感、未来への明るい展望がないことが、結婚を躊躇《ためら》わせ、あるいは結婚しても子供を作らないという退嬰的な社会環境を産んだのではないのか。

参議院の三原じゅん子議員が嘆いている。「待機児童解消に４兆円をつぎ込んでいますが、結婚に関する予算はたった40億円でしかない」。

まっとうな人間なら子孫を残し、国を豊かにする基礎的な人口を増やそう、そして結婚は人生の伴奏者を得ること、家族を持つこと。それがコミュニティの最低の単位であり、人生の目標と考えるだろう。しかし、最近の若者はそうは考えなくなったのだ。

国会で活躍する和田政宗『日本の真実　50問50答』（青林堂）という本に「人口減少に備え、日本は移民政策をとるべきですか」という問いがあって和田の答えは、「とるべきではありません。将来的に検討の余地はありますが、それも数十年先のことでしょう」と大胆に言っている。

第一に大国であること、先進国であることの条件が『人口大国』であることを脅迫観念のように考えること自体が間違いで、ドイツもフランスも英国もさほどの人口ではない。

和田参議院議員は続けてこう書いている。

「日本の半分ほどの人口しか持たない国々が世界の大国として立派にその責を果たしています。ルクセンブルクは国土や人口、経済規模を見れば小さな国ですが、ヨーロッパの代表的金融センターとして機能している」

したがって「人口が減っていっても、日本人が得意とする創意工夫でいくらでもなんとか出来ます。実際にヨーロッパの国々からは日本の人口や経済力は羨望の目で見られます」と言う。

ならば人口減少、労働力不足の対応策として外国人移民を増やせというのは、「現在のタイミングで移民政策を進める必要がない」と和田政宗は断言する。

なぜか。「いちばん多くやってくるのは中国からの移民でしょう。彼らは集団を作り、さらに移民の拡大を目指して行くでしょう。やがて日本各地にチャイナタウンができ、第二外国語が中国語になり、町には中国語の看板があふれ……」（中略）「そうした結果を私たちは良しと出来るでしょうか？」労働力不足に関して、和田議員はＡＩを活用し、ロボット代用を増やし、「少ない労働力を効率よく活用できる、明るい将来が見えてくる」と楽観的である。

それほどの惨状なのかと驚く日本人が多い。

北海道は気がつけば「中国の植民地」の一歩手前。すでに東京ドーム１０００個分の土地が中国人に買われてしまった。「北海道は中国の32番目の省になる」という中国人のあざけりの声が聞こえそうな状態となっている。

外国人の土地所有は、なぜか日本では合法である。つまり、これは「経済的侵略」なのだが、防衛感覚が麻痺している北海道の行政側には、まるで危機意識がない。そればかりか土地を買ってくれるのは有り難いと言い出す始末だ。

ゴルフ場への道路標識は中国語で書かれている。「一達国際、私人高爾夫倶楽部」は、「この道をまっすぐ進むとプライベートのゴルフクラブへつながります」という意味である。完全に中国ではないか。

星野リゾート・トマムはすでに中国企業に所有権が渡っている。ニトリの子会社が分譲した別荘地は中国人専用となった。自衛隊の千歳基地周辺も巧妙な偽装で狙われている。

最近の中国の北海道買いの特色はオホーツク海沿岸を無視しており、釧路、帯広、そして小樽、札幌、苫小牧に集中しているという。

つまり海のシルクロード、北極海ルートの中継地として北海道の港湾が狙われているわけで、中国の軍事戦略の一環として位置づけられている。現にアイスランドの北端の土地をリゾート開発するといって中国人が買い占めようとしたが、安全保障上、脅威となるとしてアイスランド政府は認めなかった。

中国企業は日本人を代理人として利用し、あるいは日本現地法人として登録している。香港、シンガポール籍も多いが、これらも中国政府と関係のある華僑企業らしい。第四位が「英領バージン諸島」籍。何のことはない、あの「パナマ文書」で明らかにされたように中国共産党高官らの海外ダミー企業である。

「明治から大正にかけて、先人たちが極寒の地を開拓した北海道。だが高齢化、過疎化など、厳しい環境で不動産を手放さなければならない現実がある。その現実を狙ったように中国資本は不動産を求めようとする。『中国人の不動産買収に慣れてしまい、抵抗感が薄れてしまった気がする。先人に申し訳ない気持ちで一杯だ』。取材した道民の多くがこう話した」（宮本雅史『爆買いされる日本の領土』、角川新書）

この恐るべき現実を前に政府はいつまで手をこまねいているのか？

少子高齢化社会の主因は日本人が自立の精神を喪失したことに求められる。日本が抱える最大の欠陥である。

子供に両親が教えなければならないのは依存心でもない。自立する心構えである。それが若者の気力の衰退につながり、そして若者の怯懦が国を滅ぼすことになる。

いま人口増加対策の前にやるべきことは日本人の生命尊重一辺倒という倒錯した人生観の転換である。そのための教育である。

末端の現象をみていても、最近の若い日本人は、礼儀知らずであり、電車に乗っても老人に席を譲らない。

寝たふりならまだしも、老人がいることに気がつかないでスマホに熱中しているからだ。日本ほど老人に席を譲らない国は珍しい。あの韓国でもドライな香港でも、老人にはちゃんと席を譲ってくれる。日本の若者はシルバーシートがあるから制度的にそれで良いと考えているフシがある。だから逆にシルバーシート、優先席には座らない。その意味ではたしかに合理的だが、基本的な道徳心が不在である。

来年あたりから復活するらしいが、学校で道徳を教えず、いまでは「修身」という道徳を教える学科はなく、そして教育勅語は顧みられなくなって久しい。卒業式でも「仰げば尊し」を歌わないのだから、さもありなん。

先生を友だち扱いする風潮も、教職員の劣化というより使命感の欠如である。教育とは知育、体育と徳育が重要なのに、前者ふたつに熱心でも、徳育をしないから（教師にとっても、どう教えて良いか分からないらしいのだ）、礼儀知らずが輩出してしまったのだ。

戦前、『修身』の教科書は小学一年生で次のことを教えていた（教科書はカタカナだった）。(1)よく学び、よく遊べ。(2)時間を守れ。(3)怠けるな。(4)友だちは助け合え。(5)喧嘩をするな。(6)元気よくあれ。(7)食べ物に気をつけよ。(8)行儀をよくせよ。(9)始末をよくせよ。(10)モノを粗末に扱うな。(11)親の恩。(12)親を大切にせよ。(13)親のいいつけを守れ。(14)兄弟仲良くせよ。(15)家庭を大事に。

他国の文化流入と異様な価値観の混入により、日本古来の道徳律はいつの間にか歪んでしまったのだ。

いじめ、自殺、ニート

戦後教育の最大の欠陥とは知育、体育の成果は輝かしいほどにあがっても、道徳で卓越した指導者はでたのかという疑問に集約されるのではないか。

道徳教育がおろそかになると、健全な青少年はそだちにくい、精神が糜爛《びらん》した教育環境に陥りやすく、学習塾、予備校、家庭教師という即物的、かつ物理的な学問ではまっとうな人間にはなれないのである。

宗教家で名をなす人は多少はいるが、妖しげなキリスト教の「神学」を自称して過激な主張を述べるだけの人物がテレビに登場する。仏教指導者がでる番組は殆どの人がスルーしてしまう。

教育現場で校門に必ずあった二宮金次郎の銅像が消えた。

みごとになくなって誰も二宮金次郎をことを語らなくなり、まして楠木正成も和気清麻呂も語られない。校門に日章旗がない。学生服は大楠公、大菅公（菅原道真）と相場が決まっていたが、いまでは学生服も着なくなった。若者の中で楠木正成を知るのは稀である。そればかりか聖徳太子を教科書から消し去る動きがあった。「厩舎皇子《うまやど》」として、葬り去り、日本人の魂もついでに消そうとする左翼陣営の企みだった。

日本の歴史学界には、まだ蒙昧な左翼思想に洗脳されたまま、おかしな主張を展開している人々が多く、岩波や朝日を中心とするブンカジンが相場だったが、最近は保守層にも、そうした傾向がある。

聖徳太子不在論に顧慮して文科省が歴史教科書から「聖徳太子」を消そうという動きとは、たんに「厩戸王」と記述させようとしたのだが、猛烈な反対論の勢いに押され、これを引っ込めた。いったい文科省もまた左翼の跋扈する三流官庁に堕落していたのである。死んだはずのマルクス主義の亡霊がよみがえったかのようだ。

すでに聖徳太子論を二冊上梓されている田中英道はあたらしく発見された科学的物証を網羅しつつ、平明に聖徳太子不在論の虚妄を衝き上げる。

「端的に言えば、実証主義を自称する戦後日本の歴史学は、権力を常に否定するマルクス主義歴史観に支えられているのです。あるいは歴史学界が無自覚マルクス主義とでもいうようなエセ実証主義者によって支配されているといっても良いでしょう。学界内にとどまっているのならばまだしも、その意見が義務教育の学校の歴史教科書にまで反映される。（中略）聖徳太子は、ある意味で、日本の信仰の祖であるといってもいい」（田中英道『聖徳太子　本当は何がすごいのか』、育鵬社）

この日本人のアイデンティティを破壊しようとする勢力が、聖徳太子を否定し、日本の文化的共同体、精神的な絆を断ち切れば、国家が分断され、革命を起こしやすくなるという迂回的革命実践のステップ、その戦術の一環として用いるわけである。

かくして戦後教育は、知育、体育の成果は輝かしいほどにあげたものの立派な日本人として育成には失敗した。

この結果がいみじくも次の報告に現れている。

２０１７年６月13日に発表された『子供・若者白書』では、いじめの認知件数が増加を続けており、中学校の不登校生徒の数が増加傾向にあること、さらに衝撃的なのは小学校でも約３万人が学校に行けずにいるという現実だった。

いじめの認知件数は２０１５年に約22万５０００件にのぼった。学年別では中学1年生が最も多く、原因ならびに動機は「力が弱い・無抵抗」、「いい子ぶる・なまいき」、「態度動作が鈍い」などだ。

中学校で不登校の生徒数は２０１２年以降増加しており、15年に約10万人が不登校だった。小学校での不登校が約３万人。高校で不登校は約５万人で「高校中退」は減少した。

また自殺者をみると20―24歳で死因の50％を超え、25―29歳では47％が自殺だった。最も多い原因は「うつ」。十代では「学業不振」や「進路の悩み」。二十代では、「就職失敗」や「家族問題」も原因になっている。

不登校は成長と共に「ニート」になる。15―39歳で働いていない若者は２０１６年に約77万人にのぼっていたことが分かった。働く意欲があるのに、仕事を探していない理由は、「病気・けが」と答えた人が最も多かったが、「学校以外で進学や資格取得などの勉強をしている」「探したが見つからなかった」「知識・能力に自信がない」という理由も挙げられた。

ロボットがＡＩで人間に近くなる反面、人間がロボット化してゆく

すでに人間がロボット化しているのではないかという懸念、それがスマホの大流行という社会現象に現れている。

スマホと首っ引きの人が無数に増えた。新聞を読まない。本はもちろん読まない。ツイッターは１４０字以内にメッセージを書き込むだけだから直截で過激な語彙が用いられるとはいえ、思惟することは出来ない。哲学することは不可能である。知性はどんどん劣化してゆくのだ。

人生相談も、悩み事も見たこともない相手に秘密を打ちあけ、まわりの親兄弟、友人がいないのならまだしも、家族との会話がない。スマホに逃げ込んでいるだけ。車両移動のおりは座席に座るやいなや、スマホを出して画面に見入る。

ISに加わる若者たちは、アジビラ一枚の煽動で簡単に「洗脳」される。

たとえば、小さな島嶼《とうしょ》国家のモルディブだけでも800名がISに憧れ、イラク、シリアに渡った。自我が確立されず、自主判断が出来ない若者を輩出するのは教育の所為だというのは容易だが、問題の本質はそんなことではない。むろん貧困国に限っていえば、無学のうえ、貧乏を乗り越えられず、絶望の果てにくる自裁願望という心理が増幅される。

文明が高度に発達し、人間のコミュニケーションが機械で行われると、無機質な、喜怒哀楽を伴わない、感情を押し殺した論理が蔓延する。スマホに熱中する人たちを見よ！

恐ろしい現実が日常の風景、目の前にある。

日本人が気概や精神を喪失したという意味は、機械文明に飲み込まれたからとかの表面をなぞっただけの分析では済まされない。もっと重大な原因があるはずだ。

末法思想というのは戦国乱世に蔓延《はびこ》るニヒリスティックなものの考え方だが、昨今流行のテレビや新聞の「解説」を聞いていると、資本主義が行き詰まり、無神論が蔓延り人間が生き甲斐を失ったからだという安直なご託宣が多い。

シュンペーターは資本主義の本質は科学的合理的精神が基礎にあるけれども、合理主義とは正反対の旧制度とか、社会心理、地域の雰囲気などが残存していて、その中枢にあるのは「家族」だと喝破した。マックス・ウェーバーも『プロテスタンティズムの倫理と資本主義の精神』のなかで、類似したことを言っている。

家族の崩壊はコミュニティの崩壊を招き、だからこそ資本主義を謳歌する筈の金融イノベーションがなってＩＴ技術が革新されても、日本経済は低成長か、マイナス成長に喘ぐのである。イノベーションによる金融改革があり、生産現場でロボット化が進んでも所得が上がらない。うだつもあがらない。

いったい何が欠点なのか。

近代化・工業化に成功すると、生活にゆとりが出来る筈だが、反対に文明が黄昏れ、行き詰まり、氷河期をむかえたかのような寒々しい光景が出現した。

闇夜は夜明けの前であるように、冬が過ぎれば雪解けがあり、春が来る。文明の循環論的な、シュペングラーが１００年前に『文明の没落』を書いたときのモチーフを思いおこす。

季節循環論的に言うと現在の日本文明は米国の軽佻浮薄な流れを無批判に受け入れた結果、果てしない絶望が固定しつつある状況に遭遇していることになる。

西部邁はチャプリンの『モダン・タイムス』を譬喩《ひゆ》に用いながら、機械文明に人々が飲み込まれることと同様なことを、いまマネー・テクノロジー・ゲームが牽引し、世界同時に起きているとする。

もしＡＩを駆使した人工的計算をなしてファンドが膨らむことを若者が夢見ているとすれば、もしウォール街の金持ちが、人生の目的であるというのなら、シェイクスピアが描いた『ベニスの商人』にでてくる悪徳高利貸しシャイロックと同じ守銭奴ではないか、と西部は批判的である。

他方、依拠すべき信条も、大きな信仰もなくしてひたすら無神論に走ろうとしても、宗教はすでに西洋社会では力を失い絶望的であり、かといって唯物理論のマルクス主義は終わりを告げた。したがって宇宙戦争やらラピュタや、空飛ぶ戦士やら、大きな架空の物語が生み出される。その作者の多くが、じつは左翼崩れ、すなわちマルクス原理主義の夢敗れ、かといって日本の精神を嫌悪し、国家を憎む島田雅彦とか、村上春樹的な安直なムードに陥没する。

佐伯啓思・京都大学名誉教授が言う。

「こんにちの貨幣の独裁をもたらした金融市場のグローバルな膨張は、情報ネットワークや金融工学などのＩＴ技術と不可分である。貨幣そのものが技術的イノベーションによって富を生み出す強力な装置に変換されているのだ。それはひとつの魔術であり、貨幣と技術的イノベーションの結合したこの魔術が、こんにちのわれわれの経済社会を動かしている。それを背後で支えているものは、抽象的で合理的で数学的な精神であると同時に、富の無限の増殖をもとめる熱狂的な貪欲さである」（「貨幣の独裁」、『表現者』２０１７年7月発行第73号）。

美意識ということ

ジャパニーズ・ドリームがアメリカン・ドリームと異なるのは、人々の基底にある美意識である。「武士は食わねど高楊枝」という金銭感覚はいまも日本人のこころの何処かで生きている。

たとえば所得税を見よう。日本の所得税率は世界一高い累進課税である。

もし一億円の収入があれば所得税、住民税にくわえて都市計画税、最高税率は65％である。これに健康保険などがかかるため８千万円以上が税金方面に消える。

ＧＤＰ世界一の米国は、富裕層へ富の独占という批判が強いうえ、確かに所得税率は上げられたが、それでも35％（トランプ政権はこれを15％にすると公約している）。富める者はますます富み、貧困層はますます貧困に喘ぐ。

企業にかかる税金も日本は異様に高い。

四半世紀前のことだが、香港財閥第二位のヘンダーソンランド社長の李兆基にインタビューした折、「ところで日本に進出する考えはありますか？」と尋ねると即座に言い切ったのだ。

「あんな税金の高い国で、ビジネスがうまくいくとは思えない」と。

アメリカン・ドリームとは単純に金持ちになることである。これは中国人にも共通する、かれらの人生目標である。

豪邸に暮らし、余暇には海の別荘でヨットを浮かべ、洋上で美女を侍らせながらのんびり魚を釣る。

それが夢である。したがってマイクロソフトのビル・ゲイツ、アップルのジョブズ、フェイスブックの某、全米一の投資家ウォーレン・バフェット、世界一の投機家ジョージ・ソロスなどは庶民から憧れの的となる。

尊敬する人の世論調査をみても、金持ちが上位に名を連ね、そこには哲学者も道徳家も、教育者もいない。

中国人もまったく米国人と変わらない。表向きは「中華民族の復興が中国の夢」などと官製のチャイニーズドリームの実現を謳うが、それは建前であって、中国人は国のために尽くすなんて殊勝な価値観を持ち合わせてはいない。

その点は徹底的に個人主義であり、個人、家族、愛人、一族郎党のためには壮絶無比な規模壮大な汚職を平気でおこなって平然としている。中国一の金持ちは大連の王健林、二位はアリババの馬雲である。

ところが日本人の価値観では単なる金持ちは尊敬されない。吝嗇家《りんしょくか》は嫌悪される。

松下幸之助が尊敬されるのは、カネに潔く、公のために私財を擲《なげう》った行為を誰もが知っているからだ。ケチで金持ちは日本では侮蔑の対象でしかなく、ホリエモンとかの新興成金に社会的な敬愛の情は拡がらない。

もし間違えて金持ちになったら、何か社会のために還元しなければならないという日本の美意識がそうさせるのである。米国でも慈善事業は盛んだがどこか偽善の匂いがあり、日本の道徳観、金銭感覚とは異質である。

ならばジャパニーズドリームとは何か？　それは西郷隆盛のような、カネも命も名も要らぬという見事な人生観を達成する人間になることではないのか。

金銭観というのは、とどのつまりは人生観なのである。如何に生きるべきかというのは、同時に如何に死ぬかという命題に突き当たる。

武士は最後の決戦で死を迎えたとき「いまは、これまで」として切腹した。「いまや、これまで」ではなく、「いまは」なのである。

輪廻転生を信じて来世にまた会おうという信仰に近い死生観は、日本の武士の間にどうやって形成されたかは定かではない。

1973年、イスラエルのテルアビブ空港で機関銃を乱射し、数十人を殺害した日本赤軍。生き残った一人が岡本公三といって、アジビラ一枚で世界革命に共鳴し、ユダヤ人を殺せと言う煽動に洗脳された。取り調べに当たった係官が「岡本はいったい、右なのか左なのか？　西郷隆盛を尊敬していると言っている」と首を傾げていた。この話はイスラエルに詳しかった村松剛から直接聞いたことがある。

イスラエルは西郷隆盛をよく知っている。

西郷隆盛は「幾歴辛酸志始堅　丈夫玉砕恥瓦全」（幾たびも辛酸をなめ、志ははじめて固まり、武士は玉砕すると雖も瓦全を恥とす）と読んだ。

イスラエルの国民は「マサダ・コンプレックス」に取り憑かれている。国の為に死ぬことに崇高な価値観を見いだし、マサダのようにローマ帝国と闘って最後に玉砕を遂げたことを崇高な行為とみる。「玉砕」は出典こそ漢籍（『北斎書』列伝第三十三巻）だが、古来より日本の武士道の骨格である。これは大東亜戦争でも硫黄島、ニューギニア、マーシャル諸島、サイパン、テニアン、拉孟《らもう》、騰越《とうえつ》、アンガウル、ペリリュウそのほか……。しかし世界史を紐解けば玉砕はスパルタ、マサダ、そしてアラモの砦くらいしか思いつかない。

米国の戦略研究家エドワード・ルトワックは世界的にも有名な著作者でもあり、日本でも数冊の翻訳がある。

そのルトワックが『月刊Ｈａｎａｄａ』（２０１7年7月号）の小論「いざという時、日本はどうすべきか」（奥山真司訳）のなかでこう言う。

軍人ほど戦争が嫌いな人々はいないとしたうえで、「自国側の犠牲を極力少なくしたい彼ら（ペンタゴン）が、軍事作戦に対する極めて大きな抵抗勢力になっている」（中略）「なるべくなら闘いたくない。やむを得ず闘うなら、被害を最小限にしたいと考える現在の価値観」に問題がある。

現実に米国では湾岸戦争、アフガニスタン、イラクで多くの戦死者を出した。死の犠牲に米国は、相当の出費をする。未亡人には生涯年金が発生し、子供は大学の学費まで無料となる制度がある。しかも戦死したらすぐ支払う仕組みとなっていて、うっかり戦争は出来ないのだ。反対に中国は犠牲を恐れない。たとえ一億が死んでも原爆をつくるといった毛沢東のように人海戦術で戦争に打って出ると、米国の犠牲は底知れない巨額に膨らみ、納税者が納得しない。したがって通常戦争にでることは選択肢から遠ざかった。

人間の犠牲を恐れない国、野蛮な国が文明国より強みを発揮するのが戦争という、アイロニーが産まれる。

ルトワックは戦争を回避する文化とは、以下の原則があるとして続ける。

「『男は戦争を好み、女は戦士を好む』。男が戦争を好むためにこの世には戦争が多く発生したのであり、戦争が発生したために人々は結婚し、子供を産み、破壊された町を再建し、さらに建築を増やしてきた。だからこそヨーロッパは発展できた。この古代から続く『生命の法則』に従ってきたお陰で、ヨーロッパは世界中のどの地域や国よりもアグレッシブで暴力的だった。だからこそ地球上のその他の地域を占領してきたのだ。ところが、戦後のヨーロッパは戦うことをやめてしまった。そして、彼らは戦争を愛する文化を捨て去ってしまった。このような文化は、もう時代遅れの愚かな習慣としかみられなくなっている。たしかにヨーロッパは平和になり、みんなが互いに戦争をしなくなってポリティカル・コレクトネスを守るようになった。だが、女は戦士ではない男を好まないので、必然的に子供が生まれなくなってきている。それと同時に高齢化も進んでいる。これは日本でも同じような状況だろうと思う。士気の失せた高齢化社会の到来である」

かつてチャーチルは言った。「若者の怯懦《きょうだ》が国を滅ぼす」と。

そのような国は衰退へ向かって驀進するのである。

人生とは憧れである

人生の骨格をなすのは「憧れ」にあり垂直な生き方を重視することであると執行草舟《しぎょうそうしゅう》『「憧れ」の思想』（ＰＨＰ）は訴える。

「人間は宇宙の意思である」「人間だけが精神を志向することが出来るからだ。精神のために死することが出来るからだ。命より大切なものがあるからだ」。それが執行のいう「憧れ」の概念である。

しかし「人間中心といいながら、人間の精神的な崇高や恩に基づく真の絆を一切捨て去った思想のもとでは、生命が発展する術もない」と左翼的ヒューマニズムの偽善を暴く一方で、ＡＩ（人工頭脳）の技術革新に狂奔する文明社会を非情な目で見通し、やがて「社会は乱れ」「人間の文明は破綻してしまう」と執行は警告するのである。

なぜなら中世では人間の心を憧れが支配していたからこそ、中世を経過した日本が真の近代化と工業化をなしえた。中世は躍動的で「不合理と不幸を、中世人はその身に受け続けた」。

だからダビンチが出た。ミケランジェロがでた。日本では鎌倉に仏教が高みに達した。

執行草舟が深く惹かれたのは日本古来の武士道、それも『葉隠』だった。

とくに「武士とは死ぬること」であり、恋愛は「偲ぶ恋」にこそ崇高さが宿るとする。この箇所では文章に熱が籠もり、行間からも情念があふれ出てくる。強力な磁性、その強烈な個性が随所に配された箴言に論が集約されていく。

「垂直を仰ぎ続ける」と憧れを自己に引きつけ、与えられた「知性や精神、そして自己の存在をより燃焼させたいという、根源的な欲求が憧れを生む」。「人間とは精神」であっても「肉体ではない」。執行草舟は三島由紀夫の思想と行動にたどり着く。「人間は肉体を忘れなければならない」。

まさにその憧れこそが人生観であり、日本人のDNAに流れる士魂である。

和歌もまた魂をうたうのである。『万葉集』から俵万智まで1300年も続いた文学の伝統である。錦仁編『日本人はなぜ、五七五七七の歌を愛してきたのか』（笠間書院）は古典、和歌を研究する日本の学究があつまって、『万葉集』から俵万智まで、1300年も続いてきた文学の伝統と奥行き広い歌の世界の枠を極めようとする。複数の書き手が時系列に体系的に和歌の本質を論じている。

「江戸時代の歌人は『万葉集』の率直さを尊び、『古今集』の優美さを愛してわが心を謳った。歌の歴史の中に入っておのれを表現した。（中略）歌は、古代から現代へ、そして未来へ続く生命体なのであって、そのことを強く認識する必要がある」と編纂した錦仁（新潟大学名誉教授）が言う。

平安時代は和歌を通して「理想の国家像が描かれた」。

後鳥羽院の歌がそれらを象徴する。

「伝統はどう作られてきたのか」の章では、和歌の美学、伝統を検証している。平安の後期から末期にあたらしい和歌が生まれた。代表が西行である。「西行は藤原俊成・定家とは異なる表現を生み出し、やがてそれが芭蕉の俳諧へつながる」。

「和歌の広がり」を求める章では、「真言密教のもとに和歌が秘伝化し、中世独特の世界観宇宙観がかたちづく」られていく過程が説かれる。歌枕の風景が消滅しつつあり、神社のおみくじにも歌が登場した背景になにがあるのかなどが検証され、とくに「飲食を詠んだ歌を通じて歌人の個性を浮き彫りにする」。

かくして和歌は明治維新後は「短歌」とよばれ、時代的要素、個性、その美意識の変遷がおおきく投影されるに至った。

ジャパニーズ・マインドの再生はこの日本伝統の和歌の復興にもあるかも知れない。和歌は夢を語り、夢は人生を躍動させるバネになる。ＡＩでは到底できないことである。

第五章　「こころ」の問題とＡＩ

第四次産業革命と喧伝されているが……

２０１６年のダボス会議では、ジョージ・ソロスが「中国経済のハードランディングは不可避的だ」と講演したため中国と日本のメディアが大きく採り上げ、ほかのテーマのことは報じられなかった。じつはソロスのメインテーマは「第四次産業革命」であって中国批判は主な目的ではなかった。

ダボス会議の総括報告書に拠れば「第一次産業革命」はいうまでもなく蒸気機関車の発明によって鉄道建設が進み、文明が発展するという産業面で飛躍した。ペリーが二度目の来日のとき土産に持参したのは蒸気機関車だった。幕末の武士達は驚いた。文明的に日本がいかに遅れているかを自覚した。

ソロスは続けて、「第二次産業革命」を定義し、電気の普及による大工場と大量生産によって産業形態が変わったとした。

そして「第三次産業革命」が「ＩＴ革命」と言われるように通信の大飛躍。デジタル化、インターネット社会の出現で相互通信が可能となり、大手メディアが独占してきた通信空間を破って、サイレント・マジョリティの意見が政治に反映され、世界各国で政治変革にまで波及した。

こうした背景を勘案すれば、現在われわれが迎えているのは「第四次産業革命」であり、ＡＩ技術の発展により自動運転になる自動車、先端的ロボット、新素材、新薬、医療方面の爆発的改良、生物学の新次元入りなど、これらの融合によって産業ばかりか、個人の生活、社会、ひいては国家のあり方から国際秩序まで影響を及ぼすことになる。

こうした新しい変化の波に乗れない人、国家は取り残され、それは所得格差を拡大して階級闘争を招来する恐れがあるが、世界一の投機家として知られるジョージ・ソロスさえも講演のまとめに、「イノベーションの基軸に人間があるべきだ」と訴えている。

ロボット革命が人間をロボットとしてしまう危険性があり、コミュニティを破壊する技術開発は危険である。人間共通の利益のためのイノベーションを力説する。

よく考えてみると「第三次産業革命」は早くからアルビン・トフラーらによって説かれ、『第三の波』は世界的ベストセラーとなった。しかし当時の論議、発想は産業の発展と社会的変革だけに焦点を絞り、人間の心理、人間の知性の劣化について真剣な考察が十分にはなされなかった。

雇用よりＧＤＰ拡大が大事なのか

日本は労働者が不足しているが、対極的に労働人口過剰が中国の悩みである。

しかもホワイトカラーさえ就職難の中国で、もっと深刻な近未来の難題とは「ＡＩ社会」と不況に喘ぐ大量の低賃金労働者とのバランスをいかに解決できるかにある。

ボストン・コンサルティングと「ＡｌｉリサーチⅠ」（阿里研究院、アリババ系シンクタンク）の共同研究に拠ると、中国は２０３５年にＡＩ革命によって4億１５００万人に雇用の機会が増え、ＡＩ関連だけでＧＤＰの48％を占めることになるなどと薔薇色のシナリオを提示した。楽天論もここまでくると甚だしく面妖なレトリックとしか映らない。

この想定モデルの基礎データはドイツのケースを引き合いにしており、ドイツでは61万の労働人口の職種移動があったが、２０２５年までに76万人の新雇用が産まれるというもの。ドイツモデルを中国に援用すること自体、その前提条件が無謀である。

ＩＭＦ・世銀はこうした立場を取らず、中国では低所得者層の55％～77％には職場の移動はないと予測している。

阿里研究院独自の発表ではＡＩ革命の結果、平均労働時間が8時間から4時間となり、80％の労働者は自由に求職活動をする時代が来ると明るい方向を予測した。

職場の移動とは新技術に対応して得られる職場へ、簡単に移動できるか、どうか、という問題だ。

現に日本の行政の反応は、独占禁止法に照らして人材の移動が難しかった現行ビジネス慣習をあらため、移動がしやすくなる法律環境を整えるとしている。

日本の三菱総合研究所のシミュレーションでは、2030年になると240万人の失業が日本国内で出現するが、一方でGDPは50兆円増えるという。

どのシンクタンクの予測もアンバランスを描くが、どんな世の中になっても、文明的進歩から取り残される一群の人々は必ずでてくるものなのである。

現実の中国経済をみると一目瞭然、国有企業の再編、効率化が進んでいない実態がある。国有企業16万社、共産党幹部が経営するため赤字企業が夥しい。民間でも不動産や製造業の不況で巷に失業が溢れ、大学新卒組も適切な就労が難しい。2017年上半期まで不動産価格が急騰していたのは、溢れたカネが不動産投機を最後の稼ぎ場と見たからで、裏では共産党高官らとの見せかけの取引が主流だった。

中国の国有企業でもっとも非効率のチャンピオンは銀行である。先ごろ、十大国有銀行で3万6000人の人員削減が発表されたが、一方ではオンラインの発展により、新形態の銀行を許可し、庶民の預金をかき集める。

「百信銀行」というオンライン銀行が中国銀行監査委員会から営業許可となった。支店なし、店舗なし、オンラインだけで業務が行われる。許可された百信銀行はまさしくP2Pバンキング（ネットで素人同士がカネの貸し借りをする）の典型で、中信（チャイナCITIC）が70%、検索エンジンの百度が30％出資し、資本金は2億９０００万ドル。
百度のＣＥＯ李彦宏と中信の李慶華は、記者会見でひろく庶民のニーズにこたえるネット時代の新型銀行だとした。

すでにＰ２Ｐバンキングは世界的に普及しており、ネット上で借り手の要求に貸し手が応じる仕組み。窓口で顔を合わせる必要さえなく、しかも迅速な融資が決定するので米国ではベンチャー・キャピタルに迫る勢いをみせている。世界的にもＰ２Ｐバンキングが次世代金融革命の主流となるとして既存の銀行は戦々恐々だ。

中国でもＰ２Ｐは、政府の規制を受けないネット上の架空のバンキングがネット空間で大規模な貸金ビジネスを商い、銀行の許可も要らないから、「講」の伝統が根強く残るなか猛烈な勢いで普及した。中国のＰ２Ｐバンキングの取引高は24兆円（17年6月現在）にも及ぶマンモスと化けた。しかも詐欺が横行し、巨額の被害者が続出、８０８社が閉鎖されている。

中国に於けるＰ２Ｐの大手は「人人貸」。同社は投資家から11・５％という高金利を謳って金を集め、借り手には月利僅か０・83％と謳っている。これは「逆ざや」だが、手数料など金利とは別の収入、斡旋手数料などを得ているらしい。百信銀行はＰ２Ｐバンキングの合法化された初めてのオンライン銀行となる。

こうして中国では取り残される大量の人々を放置する一方で、着々とＡＩ社会化が進んでいるようである。２極分化はあの国ではスケールも甚大である。

無知がつくる文明

『言ってはいけない』の著者・橘玲によれば、米国のポリティカルコレクトネス（言葉狩り）のなかで、黒人差別はもちろん、男女差別、同性愛差別はいけないことになっている。

人種差別が悪いことは誰もが共通して認識しているが、それでも米国にはＫＫＫ団がまだある。しかし「究極の格差の現況は、何かといえば、それはＩＱである」（「知能と人種のやっかいな関係」、『新潮45』、17年正月号）。

米国では差別が人種問題とは別の理由で拡大しているが、「格差の真の元凶が『知能』だ」ということである。

米国人の人種間の格差とは、知能が本質であり、「黒人の知能は白人よりもかなり低く、それが貧困の原因になっている」という。格差の元凶は白人のＩＱを１００とした場合、ユダヤ人が１１５、黒人85、アジア系が１０５という数字がでてくる。

米国ばかりではなく橘はアジアにこの視点を拡げて言う。「なぜ華僑社会が日本にできなかったか」。それは「中国人と日本人（および朝鮮人）の知能が同じだからだ」。つまり、華僑は「知的優位である地域でしか財閥をつくることが」可能ではなかった。華僑のコミュニティがあるところ、その国の経済、金融、流通を華僑が握っている地域とはマレーシア、タイ、インドネシア、ミャンマー、フィリピンであり、ラオス、カンボジアに至っては支配下においている（例外がベトナムになる。ベトナム戦争終戦後のボートピープルは華僑である）。

小山和伸『無知と文明のパラドクス』（晃洋書房）は経済文明発展史の体系化を、主知と無知という、ちょっと想定しづらかったアングルから照射しなおし、ＡＩ（人工知能）の文明が行き着く先を真剣かつ深刻に議論する。こういう大切な議論を日本の主要なメディアは避けるのだ。

小山の考え方はこうである。

「人類の知性が文明を創ったとする主知主義を排して、むしろ無知な人間が無数のランダムな試行錯誤を重ね、たまたまうまくいった稀な成功例を、周辺の人々が無批判にまたは盲目的に模倣することによって、多様な文明が生まれた」。（中略）「人間の合理性には極めて大きな制約があるという、合理性の限界である」。

大雑把に人類史をふりかえっても、60万年前あたりが起源とされる。第一の波は、一万年前の農牧畜生活で、第二の波が工業社会の実現である。産業革命がもたらし、現代は第三の波、すなわち情報化社会である。

大事な留意点は、「第三の波である高度情報化社会の出現によって狩猟採集や農牧畜業、あるいは工業がなくなってしまうわけでは決してない」のであり、むしろ「高度情報化社会は工業社会の進歩に伴う危機を解決するために、やむを得ず試行錯誤の結果生み出されてきた革新である」というポイントである。

英国の産業革命でも蒸気機関車が走る道筋にはのんびりと農耕作業にいそしむ田園風景があり、多くの農民が普遍的な生活をしていた。いまもロンドン郊外から地方都市を歩くと、英国は工業国家であると同時に牧畜、農業大国であることに気付く。フランスも同じである。

しかし高度情報化社会は政治、経済、投資、生産、軍事の局面で、想定外の変化をもたらした。米国大統領選挙はツイッターの論戦で、トランプが勝利した。2016年7月、トルコのクーデターを阻止したのはエルドアン大統領が携帯電話、ツイッターを駆使した情報戦の巧みさが奏功した。逆にチュニジアから起きた「アラブの春」は小型通信機、携帯電話の写メール、そして無数のユーチューブなどによって無知な大衆が直接行動をとった結果であった。

「少し前だったら、とても知り得ないような微細な情報を、高度情報化社会ではいつでも誰でも、詳しく知ることができる。多様な機能を備えた携帯電話やスマートフォン、iPodやiPadは、強大な情報を瞬時に収集し処理し、そして伝達する小さな怪物である」(小山前掲書)

チュニジアでベン・アリの独裁政権を転覆させ、つぎにリビアの独裁者を葬った「アラブの春」の一連の政変劇のように、発火点となったのは些末な、そして偶発的な事件だった。ところが、「瞬時にして世界中の人々がその詳細な情報を、リアルタイムで共有することが出来る。その情報を共有する膨大な数の人々の間に、怒りや不安や称賛を呼べば、たちまち大規模なデモが起きたり、株価や人気の暴落や暴露が起きたりする」のである。

だが「計画の挫折や変更は世の常態」であるとする小山は、主知主義の限界、合理性の限界を指摘し、次のように書く。

「たとえ人間社会の因果連鎖を極端に単純化して、無理に数理モデルを創ったとしても、そのモデルを以て、現実社会の未来を先験的に予測することは、もはや絶望的に不可能な試みである」

本質とは何か？

「こうした人間社会や数理モデルで表現、記述して、そのモデルを数論理的に解いて未来予測をするといった無理なアプローチが、現実の説明力に限界が既に明らかであるにも拘わらず、なぜかくも飽くことなく試行され続けるのか」。（中略）「その根本原因として、主知主義の幻想がある」（小山前掲書）のではないか。

精神の安定は得られたか？

「ゴッホやゴーギャンが生きていたら漫画を描いていたでしょう」とルーブル美術館の学芸員のひとりが言ったという。

近年の来日外国人をみていると、何かが変わっていることに気がつく。

もはや富士山、芸者、京都ではない。エキゾチックな趣向をもとめてやってくる人より、意外な目的をもって、あるいは特定の趣味、調査などを目的としての旅人が増えている。エストニアからの来訪者は日本建築の独自性、その美の探求が目的であるといえば、スペインの老夫婦は日本のトンカツ食べ歩き、その独特な衣《ころも》の研究のため来日したという。

観光地の景色に浸りながらスケッチをするひと、詩をつくる人がいる。日本酒の銘柄を捜すひとや、寺院で瞑想にふける人がいる。団体ツアーよりも個人旅行、日本人でも行かないような山奥や、リゾート化していない田舎に出没する片言の日本語組。ガイドブックにでていない旅行情報、安いホテル情報をかれらはネットで調べ、その口コミを頼りにやってくる。

なぜそれほどまでに日本に惹かれるのか？

世界の人々が日本に憧れる本当の理由は何か？

世界的な爆発ブームとなったのは昨今のポケモンGOだった。許世楷・元台湾駐日大使とは引退後も日本に来られるごとにお目にかかるが、世界に散らばったお孫さん達は「日本語、英語、北京語と言語が異なるのに、孫同士のコミュニケーションはポケモンで成り立つ」と言った。

ポケモンGOブームの遙か以前のことだった。動画とかアニメとかは、サブカルでしかなく本物の日本文化と誤解してもらっては困るなぁと考えてきた。

たとえば庭園の作り方について、日本と中国と西洋の庭園に対する考え方がたいそう異なる。中国の、たとえば蘇州の「名園」なる庭園をたくさん見学した経験があるが、この点には大いに同意できる。中国の庭園はじつにグロテスクである。美的感覚がまったくないと思ったことが何回もある。

そのことに注目した呉善花・拓殖大学教授は秋田県大湯にあるストーンサークルを例に持ち出す。「日本庭園の、石を立てたり組んだりすることのルーツはどこになるのでしょうか。それは大陸文明が伝わる以前、さらには農耕文化がはじまる以前の、縄文時代の文化に求めることが出来ます。（中略）多くが自然の神々の祭場跡と推測されています。古くから日本人は、海や川、山にある天然の石に、その彼方からくる神が宿るとして神意を感じ、『磐座』（いわくら。神の御座所）として祀ってきた歴史があります」

そしてこうも言う。

「伝統的な日本庭園は、自然との間に作庭者の見立てという見えない橋が架かっており、その見立ての妙にこそ、生命があると思います。日本の庭というものは、天然自然との間に見立てという精神の橋を架けることで出現する、『もう一つの自然』なのだといえるでしょう」という見立てになる。

日本庭園は奈良・平安時代から美意識が優先され、自然との調和がなによりも尊ばれた。

小堀遠州の造作した庭園の美しさも、京都南禅寺や醍醐寺の庭園の見事さも。

三島由紀夫の最後の作品『天人五衰』（『豊饒の海』第四巻）の最後の場面も円照寺の静寂を極める庭園の描写である。

飛鳥の石舞台、亀石などは古墳なのか、神殿なのか不明だが、イースター島のモアイ像とは異なった配置、見立ての相違がある。巨石神殿は、世界に幾つもあるが、日本のそれと似ていると思ったのはマルタ島に幾つも残る巨石神殿や英国のストーンヘンジなどで、古代文明は謎だらけである。

アニメゲームの「たまごっち」も、呉善花は「これは神道に特有のソフトアニミズムの成果であり、その世界的な普及はソフトアニミズムが世界性をもっている現れ」とした。

「未開社会に特有なアニミズムの世界では、たとえば人形を作れば、それは人の魂を移らせる呪術行為となります。こうした感覚があまり強ければ、いつまでたってもアニミズムの世界から抜け出ることはできません。しかし、その世界を完全否定するのではなく、ソフトに和らげた感覚をもって生かしながら文化をつくっていこうとするのが、日本に特有なソフトアニミズムです」

お茶と生け花、和服の似合う呉善花は大学で宗教学も教えている。その経験から生まれた独特な文化論は傾聴に値する。

日本の世紀がやってくるか?

日下公人×馬渕睦夫『ようやく「日本の世紀」がやってきた』(ワック)によれば近未来には「日本の世紀」がやってくるらしい。

馬渕睦夫・元ウクライナ大使の所論はユダヤの世界的影響力であり、その現代版の思想の根源に横たわるのは、グローバリズムという。

馬渕は決して「ユダヤ陰謀論」に加担するのではないが、ウォール街のユダヤ系の人々が発見して世界に普及させたグローバリズムが最大最悪の問題であると提議し、この思想は日本には合わないと何回も強調する。

とりわけ中国の近未来への見通しが独特である。馬渕は「中国は張り子の虎」に過ぎず、「中国が台頭して中国とアメリカがＧ２になるといったことを、日本のメディア、そして保守系の知識人までもがはやし立てています。しかし、それは全く誤った見方」だと断言する。

ソ連が人工国家であったゆえに崩壊したように、人工国家は「つくった側が潰そうと思えば潰れる」のだ。つまり人工的な体制を維持できなくなれば、中国という国家を作った側が、壊す方向へ方針転換を行うだろうと予測する。この場合、かの「反日運動」などは「悪あがき」だったことになる。

この見方に共鳴する日下公人は、次のような発言を展開している。

「日本的経営」風土が瓦解しつつある日本に米国流のコーポレート・ガバナンスなどという面妖な経営思想が蔓延《はびこ》りだしたが、これは「経営方針も外が決める」ということであり、ソ連の計画経済と同じなのである。危険なのである。

すなわち「ソ連の場合は、鉱山省とか、石油省とか、役所がいろいろあった。その傘下に企業があった。だから、企業は、共産党の指令を受けて黙々と遂行することだけがノルマだった」。

いまの中国の社会主義市場経済とかいうのも、同じである。

「コーポレート・ガバナンス」などは共産主義と同じ、統制経済に戻ることだと日下は鋭角的な分析を展開し、まさに経済原則の初歩にたちかえる問題意識が基底にあって日本的経営の見直しを示唆する。日本的経営の哲学と現在の市場のグローバリゼーションとをいかに折り合いを付けるかが今後の日本の命運をきめる。
つまり古来「信用社会」である日本が「契約社会」との折り合いをいかに付けるが喫緊《きっきん》の問題である。

世の中で本当は何が起きているのか、何がプロパガンダなのかを知ることは重要である。すなわち知の荒廃は、何が原因で起きているのか。すくなくとも戦後教育、とりわけ歴史教育がGHQの洗脳工作によって自虐的となり、まともな思考を日本人から取り上げてしまったことが大きい。関野通夫は『いまなお蔓延るWGIPの嘘』(自由社)のなかでつぎのような鋭い問題提議をしている。

WGIPというのは「WAR GUILT INFORMATION PROGRAM」の略、ようするに日本洗脳工作の工程表である。敗戦ショックの混乱のなかにあって自信喪失した戦後の日本人はみごとに引っかかった。

護憲を護符として自虐史観をひた走り、南京大虐殺はあったと思いこんでいる日本人がウヨウヨいる。平和の念仏を唱えていれば、あるいは乙女の祈りのようにヘイワヘイワと叫んでいれば、戦争は回避できると思いこんでいる。メディアの論調も、とうにGHQの監視・検閲がとけたというのに、自主規制をかけているようで、まだまだ自虐的である。つまり言論空間はWGIPに汚染されたままである。

ＷＧＩＰの特徴として次の七つを関野は挙げている。

（1）日本人に永久に戦争犯罪人意識を刷り込もうと米国が行った情報作戦
（2）東京裁判が、ＷＧＩＰの一丁目一番地
（3）時間が経ってから効果が現れる遅効性毒薬
（4）ＧＨＱは、原爆投下と東京裁判に対する批判を最も気にしていた
（5）効き目が良すぎて、米国も困惑（日本が安全保障に冷淡なことなど）
（6）日本政府や報道機関を通じた間接統治（ＷＧＩＰによる政策を、日本人自らが選択した政策だと錯覚させる効果）
（7）ＷＧＩＰは戦後直後から三期に亘り、日本独立まで行われたが、（3）にあるように、効果はむしろあとから出てきた

日本人が騙されるパターンを分析していること、欧米人と日本人の思考法の差異、そして日本人が騙されやすい理由、その改善への努力の提言がなされている。すなわち日本人は性悪説を信じ、日本国内と対外国とは、思考、論理を使いわける二重人格的な対応が必要であるという提言を力説していて参考になる。

中国、韓国の歴史改竄は誰もが知るところであるが、米国も大嘘が好きである。「南京大虐殺」とか、「731部隊」、「バターン死の行進」など米国が自らの広島、長崎、50都市無差別爆撃などの大虐殺を隠蔽するために周到に用意した政治情報操作だ。

ケント・ギルバートは「ジャパンタイムズはアンチ・ジャパンタイムズ」だと批判したが、「朝日新聞」はそれなら「反日新聞」と題号を変えると良い。というよりガラパゴスペーパーではないか。世の中の動きとは無縁の、死に絶えた思想をまだ維持している珍しい新聞だから。

朝日は戦中、「精神力で勝てる」と終戦前日にも書いていたが、GHQがやってくると、コロッと立場を変えてマッカーサーに阿《おもね》りだした。その朝日に阿るブンカジンとかが、夥しく出て迷論を吐き続けた。

かくいう筆者もその洗脳に染められていたため大学入学と同時に朝日新聞の専売所に住み込み、3年間、朝夕刊を配り集金と拡張までやって糊口を凌いだ。「朝日新聞が日本で一番よい新聞」と信じていたからだ。

「朝日が日本で一番悪い新聞」と気がつくまでに3年かかった。辞めるときに退職金が六万円ほどもらえたので大型スピーカーを買った。朝日が煽る成田闘争とか、佐世保エンタープライズ寄港反対に「反対」する情宣活動のためだった。東大の合格発表の夜にも、その大型スピーカーを持参して、新入生歓迎の情宣を始めたら、朝日新聞の愛読者と見られる民青の活動家が押しかけてマイクのケーブルを切った。共産主義の悪魔を批判したからだった。東大には言論の自由を認める雰囲気がないことを初めて知った。

朝日を読まなくなって半世紀。精神安定の日々を送れるが、一年に二回か、三回、朝日に接する機会がある。なぜなら地方の都市ホテルにはロビィに無料で積んであるからだ。

読者数激減、広告収入激減に見舞われ、給与カットなど経営が追い込まれているらしいから販売促進を図ろうというわけだ。しかし肝腎の論調をちっとも正さないで、読者が増えると勘違いしているところはまことにおめでたい。

嘗て筆者は『朝日新聞がなくなる日』（ワック）という本を書いた。報道内容の批判ではなく、朝日の国際情勢に追いつけない時代錯誤的な報道姿勢と、その時代感覚の鋭敏な冴えが後退し、まさに『ガラパゴス新聞』化した状況を追及した。これではネット時代の情報空間の真実の世論に追いつけず、破滅の道を辿るしかないとしたものだった。

現に日本の若い世代の大半が新聞を読まなくなった。活字メディアに信を置かなくなった。ネットの情報や、飛び交う意見は殆どが朝日新聞とまるで正反対である。だから若者は反日論調に怒りをぶつけるようになり、中国と韓国の苛めに立ち上がって行動をおこすようになった。

暴力による独裁と専制政治は次の暴力を必ず呼ぶのは歴史の必然だが、中国のあの文革の残酷非道を稀有の歴史家が記録として叙述した貴重なる文献が出版界に埋もれている。

そのひとつが王友琴、小林一美、安藤正士、安藤久美子『中国文化大革命「受難者伝」と「文革大年表」』（集広舎）だ。

血は新しい血を呼ぶ。粛清は必ず次の粛清を呼ぶ。怨念、報復という人間の感情をこえて、これは専制政治の本質である。

暴力革命の本質は独裁者の誕生と、革命を手伝った同士、ライバルの粛清であり、権力をすこしでも脅かす者には容赦しない。拘束、人民裁判、拷問、そして死刑あるいは無期懲役。沈黙して馬鹿を演じるか、茶坊主に徹するか、仙人のような生活をするか、でなければ海外逃亡しか、生き延びる道はない。

中国現代史の恥辱、なにもまだ明らかになっていない文革の受難者たち。夥しい血の犠牲、果たして、その犠牲者たちの魂は蘇るのか?

毛沢東が掲げたのは「米帝国主義打倒」という壮大なスローガンだった。実際に行ったことは残酷非道、身の毛もよだつ血の粛清劇であった。

当該書の著者たちが言う。

「一党専制下の独裁政治、専制体制は、必ず大きな過ちを犯しますが、独裁者・党軍高官はそれを隠蔽し、その責任を問われることに恐怖し、ますます独裁の度を強化し、最後に『一大破局』の地獄に国家・人民を陥れるものです。中国の毛沢東と党の『誤り』とは、中央革命根拠地時代の八万人にも及ぶ同士粛清―AB団粛清に始まり、建国直後の『大量処刑』と『三、四千万人の餓死者』を出した大飢餓事件です。

この党の大失敗に対して、知識人・教育者から大きな不満・批判がおこり、体制を揺るがし始めました。この地獄絵図の責任に対して、最高権力者・毛沢東と党官僚は、内部に決定的な対立を内包しつつも、『文革』に打って出る以外の道がなくなりました」

文革では生徒が先生を殴る、蹴る、丸坊主にしてつるし上げ、屋上から蹴落とす。生徒たちに殴打され殺された先生たちだけでも数万の犠牲があった。紅衛兵は、党の宣伝機関に洗脳されて、先兵として使われ、用済みになると地方へ下放された。カンボジアのキリングフィールドも、この文革の輸出だった。紅衛兵もまた、犠牲者であった。一生を棒に振ったわけだから。

高官にも同じ運命が繰り返された。スターリンは革命の同士トロッキーを海外亡命先にまで刺客を送り込んで葬り、ブハーリンを粛清し、その先兵となって働いたベリアを処刑した。

毛沢東は劉少奇を葬り、林彪を葬り、周恩来をも葬ろうとした。

「最高権力者中枢で起こる殺戮は、社会制度及びイデオロギー形態と密接な関係があり、それは独裁と専制の産物である」

原爆実験を実践した中国人技術者はこう言った。「もし世界にまだ原子爆弾よりも凄い爆弾があったとしたら、それは、『文化大革命だよ』」。（中略）「共産主義のユートピアは、ただ螺旋型のからくりを通して封建制の大復活に向かうことが出来るだけだ」「暴力は最終的にはただ独裁に向かうことが出来るだけだ」（前掲書）。

ＡＩが人類を超える日があるとすれば、独裁の再現となるだろう。

エピローグ　AIで精神は癒されない

5年後、銀行が街から消える？

ＡＩ文明の近未来を、正反対に文明に取り残された場所から考えてみようと思い立った。その途端、筆者はガラパゴスとイースター島への旅行の手配に着手した。

地球の裏側では、技術の進歩は緩慢、考える時間はたっぷりとある。

銀行がＡＩの本格襲来に怯えている。フィンテックの導入によって、5年後には多くの銀行員が失職する怖れが出ているからだ。

「フィンティック（Fintech）」という新造語が象徴するように、これはFINANCE TECHNOLOGYの略語で米国で２０１２年頃から使われた。金融工学はコンピュータ理論を組み合わせたデリバティブなどの金融商品を指し、フィンテックとはニュアンスが異なる。

簡単に言えばスマホ、カード決済のことで、自動販売機でお茶を買う、スーパーでモノを買うときのスイカなどのカード決済がいまや日常化した。どこでも何でも、そのうちスーパーのレジも無人化するだろう。現に豪などはコンビニもレジ無人化のところが多い。北欧４ヶ国をまわって驚いたのは駐車場から公衆便所の代金支払いまでクレジットカードで、スエーデンでは現金決済はＧＤＰの２％しかない。

日本でも銀行預金の出し入れはすでにＡＴＭが行っており、この機械はコンビニにも、デパートにも備えられ、銀行に行くのに歩いて遠い人は、自然に近くのＡＴＭを利用する。

これにクレジット機能から新幹線予約のチケットの読み込みもできれば、カード一枚で全てが可能となってしまう。そのカード一枚で、もっと利用価値が高まり、送金なども、行うようになると、たしかに銀行員は大量に失業する。

不思議なことに現段階でのフィンテックは、日本ではなく、中国で大流行している。中国のフィンテックは日本進出も狙っているが、日本では交通カードがすでにシェアをしめており、中国のアリババ、テンセントなどの参入は難しい。もっと厄介なのは、中国製のカードは中国の当局にデータを読まれることである。それゆえに中国製カードはアジア諸国では普及しないだろうと推定され、それぞれの国がそれぞれの特性をいかし、その市場に適応する。そして独自の進化を遂げる「ガラパゴス」化にむかうとされる。

ＡＩを「黒船襲来」と認識して危機意識を深める業界は従来危惧された単純労働ばかりではなく、これまで「生き残る」職種とされてきた会計士、弁理士、行政書士、そして税理士といった専門業にも失業の大波が押し寄せるという。ＡＩがデータを分析し、解析し、パターンを認識する。となれば脱税方法、不正経理操作などの手口も、いかに複雑化していても、ＡＩが見抜いてしまうらしい。

いや、納税すら２０１９年度を目処に、日本ではコンピュータによる申告、ｅコマースによる納税にシステムが切り替わるというではないか（日経新聞、２０１７年7月16日）。

ＡＩと共生、もしくはＡＩの特化によって生き延びようとするのは、相続税のノウハウをＡＩに特化した会計事務所などだというから、固有の遺伝子で生き残るガラパゴス経営が見直されることになる。

株式投資でも、機械化されＡＩが銘柄を撰び、ファンドマネジャーばかりか、個人がコンピュータの高速取引で殆どの売買が成立してしまう。個人投資家のなかには現にスマホでも取引している人が多い。

こうなると昔々の株式理論はまったく通用しなくなるのは理の当然だ。

ちょっと前までの投資行動といえば「この企業の新製品開発は凄い」「人材、特許部の陣容、その研究開発の熱気。ときに工場見学、世界市場、国内ライバルとの比較など」を経営者の面接や地道な企業調査と『四季報』などから得られる財務状況を勘案して、結局は「この企業には夢がある」と判断して投資家は株式を買った。

いまやＡＩが判断し、企業業績を科学的に分析し、さらに為替、金利要因を加えての売買ソフトが組み込まれ、瞬時にして取引が成立する。デイトレードとは、あらかじめ選定された銘柄を買い、すぐに売る投資家のことだが、いまは秒単位で売ったり買ったり、一日に数十回も売買して鞘取りを積み重ねていく遣り方も、パソコンにソフトが入力されている。だから証券会社のロビィに集まって電光掲示板を眺めやりながら一喜一憂するという、あの特有の風景もなくなってしまった。身振り手振りの仕草、角度で、その会社の株価を判断した兜町や北浜の「場立ち」はとうの昔に廃《すた》れた。

ＡＩ搭載のセックスロボットが登場する日

先日も北九州を飛行機で往復したが、紙に印刷したＳＫｉＰ（スキップ）というチケットではなく、クレジットカードで便名、座席指定までカウンターで入力し、搭乗手続きはクレジットカード一枚で用が足りた。

ホテルの予約から決済までもパソコン、スマホで出来る時代になって便利になったが、他方で旅の醍醐味が失われた。

未知の土地へ行って、知らない駅に降り、観光案内所もない。キョロキョロとあたりを見渡して、ホテルを探し、値段を交渉し、あるいは部屋を見せて貰う。筆者が中国の奥地のあちこちをほっつき歩いていた時代（といっても5年前迄のことだが）、長距離バスで降りると、たいがいターミナルの前か隣にビジネスホテルがあった。いまもそうだが、外国人を泊めてくれないホテルが多く、交渉の挙げ句、パスポートを出すと「あ、外国人の方は泊まれません」「なぜ」「そういう規則ですから」（つまり盗聴器をしかけていない）。

それで「付近のホテルで安くて快適なところは？」と聞き出し、ときに歩いて、あるいはタクシーを駆って当該ホテルに落ち着く。夕食のレストラン捜しでもそうだった。商店街の音楽が聞こえる。知らない土地、旅情が湧く。いまはスマホで予約も出来るし、決済も済ませるから、ホテルで支払いの心配もない。「ぐるなび」で洒落たレストランの予約も出来る。こうなるとホテルやレストランのサイトでの「口コミ」を優先させる人が急増した。

北京ではスマホでタクシーの配車を頼むのがいまや常識であり、街の肉まん屋でも、決済はカード取引が99％である。現金で支払う客は稀にしかいなくなった。日本のコンビニをみているとまだ半分は現金。タクシーはカード決済がいまでは70％（東京の場合だが）という。

するとホテル事情（空室、料金）も忽ちにして判断できることとなった。値下げが激しいのは台湾と香港、これからは韓国もそうなるだろう。昨今、なぜか東京より大阪のホテルは予約が難しいうえ、料金が東京より高い。だから日帰り出張族、もしくは深夜バス利用客が増えた。東京でもアパホテルが椿山荘より高いという珍現象があった。

中国人客が激減し、福岡などはフェリー寄港型の観光だからホテルに泊まらないというのが原因ではなく、中国人はいまでは民泊派である。

香港はいまも中国大陸からの客に溢れているが、ホテル代は少し安くなった。台湾もそうだ。民泊へ流れるから、日本と同様に中国団体ツアーを当て込んで増改築、増員したところは悲鳴を上げる。韓国は中国が実質的な渡航禁止措置に出たため、それもＴＨＡＡＤ配備への抗議だが、ソウルのホテルは値引き合戦となった。済州島ではホテル廃業が相次いでいる。

旅行にも事前情報が必要なのは昔からだが、いまは瞬時にして世界中の旅行情報が集められる時代なのだ。

そして腰を抜かすほど驚いたのはセックスロボットの登場だった。

従来のダッチ・ワイフではない、ＡＩを搭載したロボットが、相手の好み通りの技巧をもって応じ、好きな女優の姿をゴーグル装置で見ながら、フェラが可能な人工唇、ロボットは女性の体温を再現し、人間より激しい腰のうねり、まるで人間アンドロイドと交わるというなんだか無機質な、透明な未来図。

この情緒のない、乾ききったＡＩセックスロボットの完成は２０５０年頃と推定されている。これでは人間の「夢」が失われるのではないのか。いったい夢をなくした人間が溢れる近未来の社会はどうなるのか？

オルテガに次に箴言がある。

「自分の観念の分限を守るようおのれを訓練することができないならば、人間は自分のわがまま勝手に身をまかし、自分を喪失していくであろう（中略）。自分だけで存在していると信じているとすれば、（中略）自分である以前に、妖怪じみた、幻影的な、想像上の存在物になってしまうであろう」（ホセ・オルテガ・イ・ガセット著、井上正訳『体系としての歴史』、白水社）

こころの問題とＡＩは繫がるのか？

いま「こころの病」に悩む日本人が３００万人、引き籠もりがおそらく70万人から１００万人。自殺者が年平均３万人前後、まるで日本全体が神経症に罹ってしまったようだ。

経済の再活性化を掲げる「アベノミクス」も、その政策を掲げるだけで、国民のこころの病は治せない。

「ジャパニーズ・マインドのデフレ」（日本精神の萎縮）状態を克服することが一等優位にこなければならないのではないか。

どうすればこの深刻な状況を治癒できるのか、その謎の解明に役に立つ一つの方法は「森田療法」の活用にあるのかも知れない。

「『あるがまま』に生きよ」というのがその真髄である。

神経症の治癒は単に精神衰弱、精神異常、神経質、神経症などとカテゴリーわけができるわけもなく、まして一世を風靡したユング、フロイトなどの治療方法には誤りと限界があることは自明の理である。

日本の神経症克服の療法は、森田正馬によって確立された。そしてその弟子たちが「森田療法」を今日に伝える。最近、米国の臨床実験で森田療法を取り入れた大学医学部もあるという。

渡辺利夫『神経症の時代』（文春学藝ライブラリー）の冒頭には長い逸話として紹介されるのは倉田百三である。倉田が『出家とその弟子』の作者であることは知っていたが、かれが生涯を通じて、精神の病、つまり神経症と闘ったことは知らなかった。

倉田の病状は深刻だった。「ある無意識が意識化されてしまった以上、もとにもどれない。もはや自分の目は永久に休息することはない。瞳を開けば外界を、閉じれば瞼を見続ける。不気味で恐ろしい目の観念が、空想ではなく現実のものとなって百三を苦しめ、不眠はもはや絶対のものとなってしまった」。

ここにでてくる「観念」こそが敵であり、森田療法による治療は絶対臥褥《ぜったいがじょく》に挑んだ。

森田正馬は神経症者の苦悩を次のように理解していたと渡辺利夫は解説する。

「人は誰しも不快な気分に陥ることがある。しかし神経質的な気質をもって生まれた者は、この誰にでも起こる不快な気分をことさら執着して思い悩み、その気分を否定し、さらにはそれに打ち勝とうとして強迫観念にはまり込む」。（中略）「日常の忙しい生活の中に埋没し、やらねばならない雑事を次々とこなすうちに、いつのまにか不快気分は消え去っていくものである。岐路《わかれみち》は不快気分に執着するか否かである。神経質的な性格の人々がとかく不快気分にとらわれるのは、彼らの多くが完全欲において強く、きまじめだからである」。

史上最大のパラダイムシフトが起こる

かくして何かとてつもないことが日本ばかりか世界中で始まろうとしている。

ＡＩ社会の到来は未曾有の事態となるかも知れない。「人類史上最大のパラダイムシフト」だ。

これは予感ではなく、現実である。

ＡＩ（人工知能）が人間を支配する恐るべき時代が不安視される一方で、ＡＩ開発はますます加速されている。

第一に国内自動車メーカー7社のＡＩへの取り組みは、その研究開発費の合計が3兆円に近い。ＡＩ自動車の実現はいまや秒読みとなった。

第二に孫正義氏がサウジアラビアのファンドと組んで世界の有力なＡＩベンチャーに10兆円を投じる。この署名式はサウジ国王立ち会いのもと、リヤドの王宮で行われ、しかもトランプ大統領が同席した。

第三に仮想通貨のひとつ、ビットコインが世界で広く認識されるようになり、無数の仮想通貨がこれから流通し、海外航空券まで購入できる段階になった。たとえば米国と組んだ三菱ＵＦＪとトヨタなどの仮想通貨「イーサリアム」なども間もなくデビューする。

第四にＩｏＴデータの売買市場が国内１００社の共同によって２０２０年にも開始される。こうなるとフィンテックの発展で、いずれ銀行が半分になるという近未来の予測はリアリティを伴ってきた。とくに無店舗が主力の新規参入銀行十行がすでに地銀の預金高を超える急成長を遂げている。

第五に法改正をまってベンチャー企業の設立がネットで行えるようになると、アントレプレヌール（起業家精神）が遅れていた日本でも大転換が行われ、個人がネットで新規のビジネスを簡単に展開できる時代になる。

ほかにも例を羅列しはじめると際限がない。求められるのは人材、その育成ということになるだろう。

しかし一方ではＡＩ時代への懸念、不安がますます大きくなる。

北朝鮮のハッカー集団の仕業といわれる「ワナクライ」事件は世界99ヶ国、30万台のＰＣに被害が出た。ランサムウエアを搭載し、身代金要求の手口で、しかも送金手段はビットコインだ。犯罪の新機軸である。

サイバー攻撃に対応する世界的なシステムの構築が急がれているが、暴力的手段を用いずに巨額を詐取するコンピュータ犯罪も同時に進化してゆく。

発明側のほうは犯罪の側面を軽視して開発競争に余念がなく、先端をいくシリコンバレーには世界中から逸材が蝟集《いしゅう》し、ついに人口は３００万人を超えるほどの盛況ぶり。なかでもインド人、中国人、韓国人が目立ち、日本の遅れがここでも顕著である。

最大の懸念はＡＩ搭載のロボット兵士、或いはＡＩ内蔵の核ミサイルを日本の潜在的敵対国が獲得する時である。

日本人は軍事の発想が苦手だが、スマホ利用者がＧＰＳの利便性を知っているように、これが軍事技術に転用されると、敵性国家のミサイルの命中精度は劇的に向上する。

ＡＩのメタルの裏側にある軍事的脅威に対して、真剣な議論と対策が急がれるのである。

著者プロフィール

宮崎 正弘（みやざき まさひろ）

1946年金沢生まれ。早稲田大学中退。編集者、貿易会社経営を経て、82年『もうひとつの資源戦争』（講談社）で論壇へ。国際政治、経済の舞台裏を独自の情報で解析する評論やルポタージュに定評があり、同時に中国ウォッチャーとして中国33省を踏破し健筆を振るう。主な著書に『トンデモ中国　真実は路地裏にあり』（阪急コミュニケーションズ）、『オレ様国家・中国の常識』（新潮社）、『ウィキリークスでここまで分かった世界の裏情勢』（並木書房）、『自壊する中国　ネット革命の連鎖』（文芸社文庫）ほか多数。最新刊は『西郷隆盛』（海竜社）。

ＡＩが文明を衰滅させる　ガラパゴスで考えた人工知能の未来

2017年12月15日　初版第１刷発行

著　者　宮崎 正弘
発行者　瓜谷 綱延
発行所　株式会社文芸社
〒160-0022　東京都新宿区新宿1－10－1
電話　03-5369-3060（代表）
03-5369-2299（販売）

印刷所　図書印刷株式会社

ISBN978-4-286-19346-5